나의 자녀를 기르시는
우리 아빠 우리 하나님

나의 자녀를 기르시는
우리 아빠 우리 하나님

채정한 지음

다윗의열쇠

추천의 글

하나님은 지혜와 명철의 근원이십니다. 하나님의 방법대로 교육할 때 하나님의 지도자가 세워집니다. 이런 의미에서 이 책은 하나님 나라의 귀한 일꾼을 세우는 소중한 지침서라 할 수 있습니다.

_ **원동연 박사**(5차원 전면교육원 원장, 몽골국제대학 명예총장)

교회 식당에서 아주 맑은 눈을 가진 예의바른 한 아이를 만났습니다. 승원이는 어린 나이에도 불구하고 자기 생각을 반듯하게 표현할 줄 아는 인상적인 아이였습니다.

이 아이를 양육한 아빠의 맑은 성품과 하나님 아버지를 깊이 사랑하는 귀한 마음이 본 책에 고스란히 담겨있습니다. 승원이가 어떤 돌봄과 사랑을 받았는지 가늠할 수 있었습니다. 그리고 하나님 아버지의 마음이 이제 이 책을 통해 동일한 바램을 갖고 있는 부모님들께 흘러 갈 수 있어 기쁩니다.

　아무 자격이 없는 우리를 부모로 여겨주시고 귀한 생명을 맡겨주신 하나님 아버지께서 또 한사람의 겸손한 아비를 통해 우리를 깨우치고 용기를 주시니 감사합니다.

　아들 이삭과 함께 자신을 죽음에 넘긴 아브라함의 믿음이, 외아들을 우리에게 주신 하나님 아버지의 십자가의 크신 사랑이, 이 땅의 부모님들의 마음에 견고하게 세워지길 기도합니다.

_ **조완순 교장**(헤브론원형학교)

　너무나도 훌륭한 글입니다. 이글을 통해 자녀양육에 대해서 많은 반성을 하게 되었고 하나님의 자녀로 올바르게 양육할 수 있는 지혜를 배우게 되었습니다.

　또한 부모 된 우리가 먼저 아버지 하나님의 사랑을 예수 그리스도를 통해 실존적 삶의 경험 속에 깊이 체험함으로서만 온전한 부모됨이 가능한 것임을 알게 되었습니다.

_ **성모 엄마**(충남 서산)

　'부모가 되기 위한 자격증 시험이 있다면 합격률은 몇 퍼센트나 될까?'

　통계청에 따르면, 2012년 출생아 수는 48만 4천명이라고 합니다.

이 아이들의 엄마 아빠는 96만 8천명입니다. 이들을 대상으로 시험을 치렀다면 과연 몇 명이나 합격을 했을까요? 모르긴 몰라도 십중팔구는 낙제점을 받았을 것입니다.

「우리 아빠 우리 하나님」을 읽어 가면서 문득 제 성적표를 꺼내 보게 됐습니다. "무식하면 용감하다더니 겁 없이 셋이나 낳았구나"라는 반성이 절로 나옵니다. 준비도 되지 않은 아빠 밑에서 생(生)고생을 하고 있는 예빈, 예성, 예준에게 미안한 마음뿐입니다.

한 페이지를 넘길 때마다 저 자신이 얼마나 못난 아빠인지 깨닫게 해줍니다. 훈육을 한답시고 감정을 드러내고, 부모도 지키지 못할 규칙의 잣대를 들이댔으니까요. 비교가 가장 나쁜 처방전인 것을 알면서도 '엄친아', '엄친딸'을 들먹이며 자녀를 오히려 병들게 했죠. 어쩌면 이 책은 낙제점을 받은 저 같은 부모에게 꼭 필요한 교과서일지도 모릅니다.

그렇다고 이 책이 저에게 회초리만 된 것도 아닙니다. 저자가 앞에서 소개한 대로 나의 모든 것을 아시는 아빠 하나님의 큰 사랑을 깨닫게 해주는 책이기도 합니다. 부모의 자격이 없음에도 불구하고 저를 회복시키시고 가정의 제사장으로 불러 주신 이유와 사명을 다시금 일깨우게 했습니다. 표현이 어려웠나요? 쉽게 말하자면 "신앙의 명문가문을 세우려면 꼭 읽어라"라는 뜻입니다.

끝으로 독자 여러분께 간곡히 부탁드립니다. 오늘 저녁 잠시 TV

를 꺼두십시오. 그리고 시선을 자녀에게로 돌려 아이의 눈을 3초 간만 바라보십시오. TV보다 재미난 세상이 열릴 것입니다. 스마트폰 터치에 몰입했던 손가락을 자녀의 머리 위에 얹어 보십시오. 환상의 세계가 펼쳐질 것입니다. Turn off TV, Turn on Life.

_ **정형권 기자**(기독신문사)

작가의 글

모든 부모들은 자녀들을 잘 양육하고 싶어합니다. 그러나 어떻게 자녀를 양육해야 하는지에 대한 확고한 철학과 분명한 방안을 가지고 있는 부모는 그리 많지 않은 듯 합니다.

안타까운 사실은 하나님을 믿는 부모들 역시 별반 다르지 않다는 것입니다. 하나님의 뜻에 따라 자녀들을 키우고 싶어 하지만, 하나님께서 기뻐하시는 자녀 양육법이 무엇인지 잘 이해하지 못합니다. 또한 자녀 양육에 대한 세상의 가치관과 신앙 사이에서 갈등하고 고민하기도 합니다.

저 역시 아들 승원이가 태어났을 때, 제 안에 분명한 해답이 없음을 알고 있었습니다. 그래서 수 백권의 양육서를 읽었습니다. 물론 이러한 책들을 통해 자녀 양육에 대한 많은 지식을 얻었지

만 하나님께서 원하시는 자녀 양육에 대한 근본적인 해답은 발견
하지 못했습니다.

감사하게도 아들을 키우는 과정에서 아버지되신 하나님의 사랑
이 무엇인지 조금씩 깨달아 가게 되었습니다. 그리고 하나님의 사
랑을 알아갈수록 내가 좋은 부모가 되어 간다는 것과 나의 자녀
를 행복하고 건강하게 양육할 수 있다는 사실을 발견하게 되었습
니다.

이후 저와 같은 어려움을 겪고 있는 많은 부모들에게 "당신이
좋은 부모가 되기 원한다면 하나님 아버지의 사랑을 아는 것으로
족하다" 는 말을 전해야할 사명을 느끼게 되었습니다.

부모들은 자녀들이 행복하기를 바랍니다. 그러나 부모들 자신은
행복하지 않습니다. 그들은 자신들이 행복하지 않은 이유가 다른
사람과 비교해서 더 뛰어나지 못하거나 더 많이 소유하지 못했기
때문이라고 생각합니다. 그래서 자녀들이 공부를 잘 하고, 남보다
뛰어난 사람, 남보다 높은 사람, 남보다 많이 가진 사람이 되기를
바랍니다.

그러나 자녀들의 행복은 외적인 조건에 의해 결정되는 것이 아닙니다. 남보다 능력있고, 높은 사회적 지위를 누리고, 부자여도 불행한 사람들이 많습니다.

때문에 이 책은 자녀를 어떻게 똑똑한 아이로 키울 수 있는지, 어떻게 하면 성공시킬 수 있는지에 대한 내용을 다룬 것이 아님을 먼저 알려 드립니다. 이 책의 관점은 '아빠되신 하나님의 사랑을 받고, 그 아빠 하나님 한 분만을 사랑하는 것'이 부모의 우선된 사명이며, '아빠되신 하나님의 사랑을 자녀에게 흘려 보내는 것'이 참된 양육이라는 것입니다.

부모들은 좋은 부모가 되기 위해 노력합니다. 좋은 육아서를 찾아 읽고, 자녀를 위해 아낌없이 돈을 투자하고, 좀 더 친절하고 자상한 부모가 되어보려 합니다. 그러한 노력이 무의미하다고 할 수는 없겠지만 자녀들에게 진정으로 필요한 것은 아빠되신 하나님의 사랑입니다. 부모가 자녀들에게 줄 수 있는 최고의 사랑은 부모 자신이 아빠되신 하나님의 사랑을 경험하고 그 사랑을 자녀들에게 전달해 주는 것입니다.

부족한 이 책을 통해 하나님께서 얼마나 사랑이 많으시고 신실하신 아빠가 되시는지 전하고자 합니다. 이 책을 읽는 당신이 아빠 하나님을 조금 더 닮아갈 수 있다면 좋겠습니다. 그래서 당신의 자녀들이 당신을 통해 예수 그리스도를 만나고 하나님의 사랑을 경험케 되기를, 또한 좋으신 하나님과 함께 행복하고 아름다운 삶을 살아가기를 기도합니다.

2013년 11월
채정한

contents

Part 3
행복한 자녀로 키우시는 우리 아빠 우리 하나님

Part 4
건강한 부모를 세우시는 우리 아빠 우리 하나님

부 록 : 하나님이 주신 음식을 먹여라

Our daddy, our God raising my children

Part 1

사랑으로 품으시는
우리 아빠 우리 하나님

1장 나를 지으신 아빠 하나님

나를 가장 잘 아시는 아빠 하나님
나를 지으신 주님, 내 안에 계셔
처음부터 내 삶은 그의 손에 있었죠
내 이름 아시죠 내 모든 생각도
내 흐르는 눈물 그가 닦아 주셨죠
그는 내 아버지, 난 그의 소유
내가 어딜 가든지 날 떠나지 않죠
내 이름 아시죠 내 모든 생각도
아바라 부를 때 그가 들으시죠

이것은 타미 워커(Tommy Walker)의 '그는 내 이름을 아십니다'(He Knows My Name)라는 찬양입니다. 이 노래를 만들게 된 배경은 이렇습니다.

타미는 필리핀의 고아원에서 한 아이를 만났습니다. 그 아이는 타미에게 자기의 이름을 가르쳐 주었습니다. 그 후 계속해서 타미가 자신의 이름을 기억하고 있는지 확인하며, 물었습니다. 타미는 그 아이의 모습을 보며 누군가에게 자신의 존재를 확인 받고 싶어 하는 한 외로운 영혼을 발견했습니다. 그래서 아이에게 이렇게 말해 주었습니다.

"너를 지으신 분이 네 이름을 기억하고 계셔. 그리고 한 순간도 너를 떠나신 적이 없단다."

이 찬양의 가사와 같이 하나님은 우리의 창조주이시지만, 우리의 이름과 모든 생각을 알고 계십니다. 늘 나와 함께 하시며, 우리의 눈물을 닦아 주시는 분이십니다. 우리가 그분을 부를 때 '그래, 내가 여기 있다. 어서 말하렴' 하고 응답하시는 따뜻한 아빠로서 존재하십니다.

어쩌면 하나님에 대한 '아빠' 라는 호칭이 그분의 권위를 떨어뜨릴 수 있다고 생각 할 수도 있습니다. 그러나 '아빠' 라는 말은 부모를 향한 커다란 친밀감과 신뢰를 느끼는 어린아이들의 표현입니다. 예수님도 하나님을 향한 우리의 마음이 어린아이와 같기를 원하셨습니다.

이르시되 진실로 너희에게 이르노니 너희가 돌이켜 어린 아이들과 같이 되지 아니하면 결단코 천국에 들어가지 못하리라(마 18:3).

저에게는 8살 된 아들 승원이가 있습니다. 아들이 저를 "아빠"라고 부를 때, 제 마음 깊은 곳에서는 말로 표현 할 수 없는 큰 기쁨과 감동을 느끼곤 합니다. 저를 "아빠"라고 부르는 아들의 음성에는 언제나 저를 향한 친밀감과 신뢰감의 마음이 담겨져 있기 때문입니다.

우리와 하나님과의 관계도 마찬가지입니다. 우리가 하나님을 향해 "아빠", 혹은 "아버지"라 부를 때, 하나님을 향한 친밀한 마음을 가질 수 있어야합니다. 우리를 자녀 삼으시기 위해 독생자 예수님을 아낌없이 내어 주신 그분의 사랑을 신뢰해야 합니다.

우리가 하나님을 부를 때 그분이 우리에게 응답하시며, 늘 함께 계신다는 확신의 마음 말입니다.

하나님을 아버지라 부르도록 가르치신 예수님

예수님은 하나님을 "아바, 아버지"라고 부르셨습니다. 우리도 예수님을 통해 하나님을 "아바, 아버지"라 부를 수 있게 되었습니다. 어떻게 피조물인 우리가 창조주 하나님을 아버지라 부를 수 있을까요? 이것은 하나의 신비라고 밖에는 표현할 길이 없습니다.

예수님께서 하나님을 아버지라 부르셨을 때 유대인들은 격분하여 다음과 같이 반응했습니다.

> 유대인들이 이로 말미암아 더욱 예수를 죽이고자 하니 이는 안식일을 범할 뿐만 아니라 하나님을 자기의 친 아버지라 하여 자기를 하나님과 동등으로 삼으심이러라(요 5:18).

유대인들은 하나님의 백성이었지만, 하나님의 독생자 예수님을 알아보지 못했습니다. 그래서 예수님께서 하나님을 아버지라 부르신다는 이유로 예수님을 핍박했던 것입니다. 그런데 정말 놀라운 일은 예수님께서 우리에게도 하나님을 "아버지"라 부르도록 가르쳐 주셨다는 것입니다.

> 하늘에 계신 우리 아버지, 이름이 거룩히 여김을 받으시오며(마 6:9).

> 그러므로 하늘에 계신 너희 아버지의 온전하심과 같이 너희도 온전하라(마 5:48).

그 외에도 예수님은 여러 번 하나님을 우리의 아버지로 언급하셨습니다.

우리는 하나님의 피조물에 불과합니다. 그것도 자신의 창조주를 거역한 타락한 피조물입니다. 그런데도 하나님은 타락한 피조물인 우리를 버리지 않으시고 예수님을 통해 우리의 아버지가 되어 주셨습니다. 그것은 우리를 향한 하나님의 사랑때문이었습니다.

우리를 먼저 사랑하신 아버지 하나님

하나님께서 우리의 아버지가 되어 주셨습니다. 그저 말 한마디로 아버지가 되어 주신 것이 아닙니다. 하나님은 우리의 아버지가 되시려고 엄청난 댓가를 치르셔야 했습니다. 타락한 피조물인 우리를 살리시려고 하나님은 당신의 가장 귀한 독생자 예수님을 희생하신 것입니다.

우리가 온전한 삶을 살고, 우리가 하나님을 사랑했기 때문에 우리의 아버지가 되어 주신 것이 아닙니다. 우리가 하나님을 거역하고 배반했음에도 불구하고 그가 먼저 우리를 사랑하셨습니다. 이것에 대해 성경은 다음과 같이 강조하여 말하고 있습니다.

사랑은 여기 있으니 우리가 하나님을 사랑한 것이 아니요 하나님이 우리를 사랑하사 우리 죄를 속하기 위하여 화목 제물로 그 아들을 보내셨음이라(요일 4:10).

우리가 아직 죄인 되었을 때에 그리스도께서 우리를 위하여 죽으심으로 하나님께서 우리에 대한 자기의 사랑을 확증하셨느니라(롬 5:8).

하나님의 '아버지 됨'에는 우리를 향한 그분의 엄청난 사랑이 담겨져 있습니다. 하나님께서 우리를 자녀로 부르시기 위해 가장 큰 희생을 마다하지 않으신 것입니다.

그런데 우리가 반드시 알아야 할 것은 '하나님께서 우리의 아버지가 되어 주신 이유가 무엇인가?' 입니다. 그것은 우리로 하여금 하나님의 사랑을 통해 그분의 인격을 닮아가도록 하기 위한 것입니다.

우리가 하나님의 크신 사랑을 깊이 경험하면 할수록 하나님을 더욱 닮아가게 됩니다. 하나님을 닮아 간다는 것은 우리가 거룩해지고, 온전한 사랑을 베푸는 존재가 되어간다는 의미입니다. 우리는 그렇게 하나님의 사랑을 경험하면서 하나님 형상을 회복해 갑니다. 그것이 바로 하나님께서 우리를 자녀로 부르신 목적입니다.

나의 자녀가 하나님 아버지를 닮기 원한다면

나의 자녀가 하나님 아버지를 닮아가기 원하십니까? 먼저 부모가 하나님 아버지를 닮아가야 합니다. '어떻게 하면 내가 좋은 부모가 될 수 있을까?' 고민하지 마십시오. 부모인 내가 먼저 하나님 아버지의 사랑을 많이 경험하면 할수록 더욱 좋은 부모가 될 수 있습니다.

이런 의미에서 생각해 본다면, 부모의 사명은 두 가지입니다. 첫째는 부모 자신이 먼저 하나님의 인격을 닮아 가는 것입니다. 둘째는 부모가 경험한 하나님의 인격을 자녀들에게 전달하는 것입니다. 이것을 통해 우리의 자녀들이 아버지 되신 하나님의 사랑을 체험하게 됩니다. 그 사랑의 체험을 통해 온전한 하나님의 성품을 배우며, 하나님의 형상으로 자랄 수 있게 됩니다.

하나님 아버지께서 먼저 우리를 사랑하셨습니다. 그리고 그 사랑을 깨달을 때까지 오래 기다려 주셨습니다. 우리는 하나님의 사랑을 깨닫고 나서야 비로소 하나님을 사랑하게 됩니다. 이것이 바로 하나님의 사랑이요, 하나님의 지혜입니다.

부모 된 우리는 이러한 하나님 아버지의 사랑과 지혜를 본받아야 합니다. 우리는 자녀들에게 '부모에게 순종하라', '부모를 공경하라' 고 가르치기에 앞서 자녀를 먼저 사랑해야 합니다. 부모인 우리가 자녀들에게 진정한 사랑을 베풀어 준다면 자녀들은 언젠가는 반드시 그 사랑을 깨닫게 될 것입니다. 따라서 우리가 해야

할 일은 아버지 하나님의 진실한 사랑을 경험하고 그 사랑을 자녀들에게 전달해 주는 것입니다. 그리고 기다리는 것입니다.

주님! 연약한 제가 아빠입니다

저는 제 아들 승원이를 무척 사랑합니다. 그러나 때론 아들에게 온전한 사랑을 베풀지 못할 때, 제 자신이 너무 연약하고 부족한 존재임을 알게 됩니다. 언젠가 승원이가 제 말을 듣지 않아 크게 화를 낸 적이 있었습니다. 저는 승원이를 밀치며 "아빠가 하지 말라고 했잖아!" 라고 소리쳤습니다. 승원이는 겁에 질려 눈물이 가득 맺힌 눈으로 저를 바라보았습니다. 그때, 아들의 눈빛이 제 가슴에 파고들었습니다.

저는 승원이를 꼭 끌어안으며 말했습니다.

"아빠가 소리쳐서 미안해. 아빠가 승원이 사랑하는 거 알지? 승원이가 아빠 하는 말을 무시해서 아빠도 모르게 화를 냈어. 미안해."

그러자 승원이는 "아빠, 잘못했어요. 아빠, 사랑해요" 라고 말하며 저를 더 꼬옥 끌어안아 주었습니다.

저는 그날 저녁 하나님께 기도했습니다. 저의 연약함으로 인해 승원이에게 상처 주는 일이 없게 해달라고, 하나님께서 저를 사랑하신 것처럼 승원이를 사랑할 수 있게 해달라고 간절히 기도했습니다.

우리는 자녀를 사랑하기에는 너무 이기적이고 연약한 존재인 것 같습니다. 자녀를 위해 내 것을 포기하는 것 같지만, 사실은 자기 자신을 위한 포기일 때가 많습니다. 그것은 우리의 자녀를 향한 마음을 보면 쉽게 알 수 있습니다. 자녀가 우리의 희생에 우리가 기대한 만큼의 반응을 보여 주지 않으면 쉽게 실망하고 낙심합니다.

우리는 스스로의 노력으로 자녀를 사랑할 수 없습니다. 우리의 노력만으로는 좋은 열매를 맺을 수 없습니다. 연약한 우리가 부모로서 자녀를 사랑할 수 있는 유일한 길은 우리의 아빠 되시는 하나님의 사랑을 먼저 경험하는 것입니다.

그리고 아빠 하나님으로부터 받은 그 사랑을 우리의 자녀들에게 흘려보내는 것입니다.

우리는 예수님을 통해 아버지 되신 하나님을 만났습니다. 우리의 자녀들은 우리를 통해 예수님을 만나게 될 것입니다. 그리고 그분만이 우리를 진정으로 사랑하시는 분이시란 것을 배워가게 될 것입니다.

비록 연약한 자라 할지라도, 하나님은 우리를 부모의 자리로 불러 주셨습니다. 당신의 귀한 영혼을 이 땅에서 잠시 돌볼 수 있도록 우리에게 맡겨 주신 것입니다. 하나님 아버지의 대리인 역할을 통해 연약한 우리가 하나님 아버지의 심정을 깨닫고, 그분의 성품을 배워갈 수 있기 때문입니다.

연약한 부모일지라도 괜찮습니다. 하나님을 의지하십시오. 그분의 사랑을 날마다 배워가는 부모가 된다면, 우리의 자녀가 온전한 하나님 아버지를 만날 수 있을 것입니다.

2장 자유케 하시는 아빠 하나님

행복한 나무

이른 봄, 겨우내 언 땅이 녹기 시작하면 나무들은 마른 가지에 물을 올려 싹을 틔울 준비를 합니다. 가지마다 솟아 오른 어린 봄눈들을 볼 때면 길고 긴 겨울을 꿋꿋이 이겨낸 나무들이 얼마나 대견하고 아름다운지 모릅니다. 볼 품 없는 자신을 남들이 사랑해 주지 않는다고 싹 틔우기를 포기하는 나무는 없습니다.

나무들의 모습에선 분노나 열등감을 찾아 볼 수 없습니다. 나무들은 다른 나무와 자신을 비교하지 않기 때문입니다. 누가 더 아름다운 꽃을 피울 수 있는지, 누가 더 많은 열매를 맺을 수 있는지 비교하지 않습니다.

자신이 더 아름다운 꽃을 피운다고 자랑하는 법이 없습니다. 남들이 자신의 꽃을 알아봐 주지 않는다고 슬퍼하지도 않습니다. 자신이 심겨진 그 땅이 비옥하든, 척박하든, 따지지 않습니다. 그저 자신이 서 있는 그 땅에서 열심히 살아갈 뿐입니다.

그래서 이 세상에 불행한 나무란 하나도 없습니다. 아무리 가지가 휘어지고 볼품이 없어도 나무는 행복합니다. 평생 열매 한 번 맺을 수 없는 척박한 땅에 살다가 누군가의 땔감으로 생을 마감한다 할지라도 누군가에게 온기를 전할 수 있음에 감사하며 자신을 기꺼이 내어 줍니다. 저 하늘에서 아름드리 나무로 다시 태어나게 될 것을 믿기에 아무도 원망하지 않습니다.

하지만 우리는 분노와 열등감으로부터 자유로운 사람이 그리 많지 않은 것 같습니다. 남들에게 들키고 싶지 않은 분노와 열등감을 마음에 담고 살아갑니다.

도대체 언제부터 이런 분노와 열등감이 내 안에 들어 온 것일까요? 이것으로부터 자유 할 수 있는 길은 없는 것일까요?

당신은 행복한 부모입니까?

자신이 행복하다고 느끼는 사람은 얼마나 될까요? 잠시 무엇인가로 인해 행복하다고 느낄 때도 있지만, 그 행복감은 너무도 빨리 없어지고야 맙니다.

사람들은 늘 자신이 행복할 수 없는 이유를 찾습니다. 안정적인 직업이 없는 남편 때문에, 공부 못하는 자식 때문에, 쪼들려 살고 있는 경제적 형편 때문에 행복할 수 없다고 생각합니다.

늘 자기보다 나은 처지에 있는 사람들을 부러워합니다. 그리고 자신이 가질 수 없는 것들을 나열해가면서, 자기가 얼마나 불쌍한 사람인지 주변 사람들에게 하소연하며 살아갑니다.

사람들은 행복해 지기 위해 자신의 상황을 바꾸어야 한다고 생각합니다. 좀 더 인정받고, 많은 것을 소유하기 원합니다. 그리고 좀 더 많은 힘이 있어야 한다고 생각합니다. 그러다 문득, 자신의 상황을 바꿀 수 있는 능력이 자기에게 없다는 것을 알게 되면 자기 연민에 빠져 분노하고 슬퍼합니다.

그러나 사람들이 행복할 수 없는 이유는 그들 밖에 있지 않고 그들 안에 있습니다. 그것은 바로 우리의 분노와 열등감입니다. 이 둘은 다른 모습을 하고 있을 뿐 본질상 같은 것입니다.

분노하는 사람들은 강해 보이지만, 자신의 열등감을 숨기기 위해서 분노합니다. 열등감에 시달리는 사람은 겉으로는 조용해 보이지만 그들의 내면은 분노로 가득합니다.

그들은 내면의 열등감과 분노를 극복하기 위해 여러 다른 방법을 찾게 됩니다. 어떤 사람은 돈이나 쾌락을 추구합니다. 다른 사람의 인정에 목을 매는 사람도 있습니다. 또는 그와 반대로 다른 사람을 지배하려는 사람도 있습니다. 그러나 그 방법이 무엇이든 참된 행복과 자유를 누릴 수 없습니다.

당신의 자녀가 행복한 나무처럼 성장하기 원하십니까? 당신이 먼저 행복한 부모가 되어야합니다. 행복한 내면을 가진 부모가 자녀를 행복한 아이로 키울 수 있습니다.

부모로부터 상처 받는 아이들

사람들은 흔히 '자식을 사랑하지 않는 부모가 어디 있겠습니까?' 하고 말합니다. 부모는 자신이 자녀들을 진정으로 사랑한다고 믿습니다. 그렇기 때문에 자신이 부모로서 자녀들에게 행하는 모든 일이 그들을 위한 길이라 생각합니다. 그러나 현실을 보면 그런 부모들의 확신이 얼마나 덧없는 것인지 알게 될 것입니다.

아이들은 초등학교 고학년만 되면 부모로부터 돈 외에는 기대하는 것이 아무 것도 없는 상태가 되어 버립니다. 그저 간섭하거나, 방해하지 말고, 필요한 것들만 제공해 주는 소위 '물주'의 역할만 해 주기만을 바라게 됩니다. 왜 이렇게 되었을까요? 그것은 자녀들이 마음 속에 간절히 바라고 기대했던 것을 부모들이 무시해 버렸기 때문입니다.

자녀들은 부모가 자신의 마음 속에 있는 두려움과 외로움을 알아주기를 기대합니다. 부모만은 조건없이 자신을 사랑해 주기를 간절히 바라고 있습니다. 그러나 부모들은 자녀들의 그러한 기대와 바램을 외면해 버렸습니다. 자녀와 함께 하고, 자녀의 마음을 들여다 보려는 노력을 돈과 물질로 대신해 버리고, 세상의 잣대로 자녀들을 평가하고 비교했습니다. 그래서 아이들은 마음에서부터 부모를 지우려 하고 있습니다.

제가 학원에서 아이들을 가르칠 때의 일입니다. 한 중학교 여학생이 자기 친구에게 하는 이야기를 우연히 듣게 되었습니다. 저는 그 아이의 이야기를 듣다가 깜짝 놀랐습니다. 그 여학생은 차마 입에 담기 어려운 욕을 하며, 누군가를 비난하고 있었는데 듣다 보니 그 대상이 바로 자기의 엄마였습니다. 평소에는 예의바르고, 사람들 앞에서 자기표현도 제대로 못하던 아이였는데도 말입니다. 이 아이는 제가 초등학생 때부터 알고 지냈던 아이였습니다. 아주 모범생이었고 학교 성적도 우수한 편이었습니다. 그런데 갑자기 성적이 떨어지고 소위 문제아들과 어울려 다니기 시작했습니다.

저는 이 아이가 가정에서 어떤 일들을 경험했는지 자세히 알 수는 없었습니다. 하지만 부모로부터 도대체 어떤 상처를 받았기에 아이가 저렇게 고통스러워할까 생각해 보니 가슴이 아려왔습니다.

아이들의 일탈행동은 내면의 고통으로부터 시작되는 것입니다.

때문에 매와 처벌로 다스린다고 해결될 수 있는 문제가 아닙니다.

여린 잎사귀와 같은 자녀들의 마음

어쩌면 부모들은 '나는 아이들에게 폭언이나 폭력을 행사한 적 없습니다', '저 해달라는 것 다 해주고 있다구요'라고 말할지도 모릅니다. 하지만 아이들의 마음은 아주 여린 잎사귀 같아서 쉽게 상처 나기도 하고, 찢어져 버리기도 합니다. 자식 마음을 아프게 하려는 의도를 가지고 행동하는 부모는 없습니다.

그런데 아이들은 부모가 생각 없이 내뱉은 말 한마디, 행동 하나에 상처를 받기도 합니다. 부모가 아이를 위한 일이라고 믿고, 밀어 붙인 일 때문에 아이는 절망하기도 합니다. 그러나 더 큰 문제는 자신들의 행동이 얼마나 자녀에게 큰 상처를 주고 있는지 부모들은 모르고 있다는 사실입니다.

예를 들어, 자신이 소중히 아끼던 장난감을 동생이 부수어 버렸습니다. 그러면 아이는 정말 화가 많이 날 것입니다. 자신의 감정을 조절 할 수 없는 아이는 동생을 때리는 것으로 화난 감정을 표현하게 됩니다. 이때 부모가 화난 아이의 감정을 전혀 이해해 주지 못하고 동생을 때린 행동만 나무란다면, 아이는 부모가 자신의 마음을 몰라주는 것에 큰 고통을 느끼게 됩니다. 그것은 아이에게 장난감이 부서진 것과 비교할 수 없는 더 큰 아픔이 됩니다.

어떤 부모는 아이를 돌보지 않거나 아이에게 관심을 갖지 않습니다. 부모님과 행복한 시간을 가져 본 경험 없이 자란 아이들도 있습니다. 어떤 아이들은 너무 엄격하기만한 부모 때문에 엄마, 아빠가 자신을 사랑하지 않는다고 생각하며 살아가고 있습니다. 늘 엄한 표정으로 훈계하고, 잔소리하고, 윽박지르고, 매를 드는 부모의 모습을 보며 움츠러든 영혼들도 많이 있습니다.

부모들은 이렇게 말합니다.

"나도 그러고 싶지 않아요. 뒤돌아서서 후회할 걸 알면서도 잘 안 되네요."

"다, 저 잘되라고 그러는 거 아닙니까?"

"뭐가 부족한지 모르겠어요. 해달라는 거 다 해주는데, 죽어라 말을 안 들어요."

"이젠, 포기했어요."

이렇게 말하는 부모들도 온전한 사랑을 경험해 본적이 없는 상처 입은 영혼들입니다. 상처 입은 부모가 상처 입은 자녀를 길러내고 있는 것입니다. 이러한 부모의 방임과 지나친 간섭, 폭언과 폭력, 그리고 다른 아이들과 내 아이를 비교하는 것 등은 우리 아이들의 내면을 파괴하는 마귀의 강력한 무기입니다.

부모의 마음을 치유하시는 하나님

부끄러운 얘기지만, 이 글을 쓰는 저 역시 분노와 열등감으로부터 자유로운 사람은 아니었습니다. 결혼 전 저는 스스로 저의 인격이 평균이상이라고 착각하며 살았었습니다. 그러나 결혼을 하고 나서 제 자신이 분노와 열등감으로 가득 찬 사람이라는 것을 알게 되었습니다.

아내가 저의 자존심을 조금만 건드리면 그것을 꾹꾹 누르다가 어느 순간 참지 못해 분노가 폭발해 버렸습니다. 그리고 '남자가 오죽 못났으면 아내에게까지 이렇게 인정받지 못하는 것인가!' 하는 자괴감으로 괴로워하기도 했습니다.

'남들처럼 능력이 있어서 돈이라도 많이 벌어다 준다면 아내에게 이런 대접을 받지 않을 텐데' 라는 한심한 생각을 하기도 했습니다.

그런데 문제는 나의 무능함이 아니라 내 안에 있는 열등감이었습니다. 남들과 내 자신을 비교하며, 무엇 하나 뛰어난 것 없는 그저 평범하고 무기력한 인생이라는 것이 너무나 싫었습니다.

남들이 저의 자존심을 건드리지 않으면 그저 무난해 보이는 사람처럼 보였습니다. 그러나 막상 누군가 저를 조금이라도 무시한다는 생각이 들면, 분노를 억누를 수 없는 연약함이 제 안에 자리 잡고 있었던 것입니다.

겉으로는 괜찮은 척 했지만, 속으로는 '남들보다 부족해 보이지는 않을까?', '남들이 나를 한심하게 생각하면 어떡하지?' 라는 생각으로 움츠러든 영혼이었습니다. 그런데 예수님은 그런 저를 말없이 안아 주셨습니다.

예수님 품에 안겨 있을 때, 더 이상 내 자신이 못났다는 생각을 하지 않게 됩니다.

"내가 너를 만들었다", "너는 내 것이다" 라고 말씀하시는 하나님 아버지의 음성을 듣는 순간 사람들의 평가나 시선으로부터 참된 자유를 경험하게 되었습니다.

물론 지금도 가끔 제 안의 분노와 열등감과 싸워야 할 때가 있습니다. 그러나 이제는 저 혼자 싸우는 것이 아닙니다. 나의 아빠, 아버지 되신 하나님께 나의 상처를 가지고 나아갑니다. 그분의 품은 나의 분노를 잠재웁니다. "아이야!~ 내가 너를 사랑한다" 는 그분의 음성이 나의 열등의식을 가라앉게 합니다.

오직 하나님의 사랑만이 부모의 상처를 치유하실 수 있습니다. 하나님의 사랑으로 회복된 부모만이 아름다운 자녀를 키울 수 있습니다. 상처를 치유하시는 하나님의 사랑을 경험하게 되시길 기도합니다.

3장 위로하시는 아빠 하나님

외로움의 시작

외로움의 시작은 하나님과의 단절로부터 출발합니다. 인간은 죄로 말미암아 하나님께서 마련해 주신 에덴동산으로부터 쫓겨났습니다. 그와 동시에 인간에게 고통과 모든 부정적인 감정들이 찾아 왔습니다. 그런데 하나님과 단절된 인간은 자신의 고통스러운 감정을 하나님께 호소할 수 조차 없는 상태에 놓이게 되었습니다.

신생아는 울음으로 자신의 신체적 욕구와 필요를 알립니다. 그때 엄마가 자신의 요구에 바로 반응해 주지 않으면 엄마에게 화를 내면서 울음을 그치지 않습니다. 갓 태어난 아기에게도 감정이 있다는 것입니다. 부모는 이런 아기의 감정에 민감하게 반응해 주는 것이 중요합니다.

엄마가 아기의 요구와 감정에 민감하게 반응해 주는 경우 아기는 더 건강하고 밝은 성격의 아이로 성장할 수 있습니다. 그러나 자신의 감정을 자주 무시당한 아기는 건강하게 성장할 수 없을 뿐 아니라 성장 후 다른 사람의 감정을 이해하는 데 어려움을 겪고 대인관계에 많은 문제를 일으키게 됩니다.

그러나 부모의 충분한 사랑을 받았다고 해서 근본적인 외로움이 해결될 수 있는 것은 아닙니다. 또한 아무리 훌륭한 부모라 할지라도 자녀의 마음에 있는 모든 것을 다 알 수는 없습니다.

아이는 성장과정에서 부모도 자신의 마음을 모를 때가 있다는 사실을 알게 됩니다. 그리고 외로움이란 감정을 경험하게 됩니다. 그런데 바로 그 외로움이란 감정은 훗날 예수님을 만나게 되는데 매우 중요한 역할을 하게 됩니다.

만약 우리 안에 외로움이란 감정이 존재하지 않았다면 아마 예수님을 만나도 그분이 누구인지 몰라보았을 것입니다. 우리는 예수님을 만나는 순간 그분이 우리 안의 외로움을 이해하고 계신 분임을 알게 됩니다. 예수님을 만남으로 더 이상 자신이 혼자가 아니라는 사실을 깨닫게 되는 것입니다.

외로움을 잊으려고

외로움이란 단지 혼자 있을 때만 느끼는 감정은 아닙니다. 외로움은 자신의 마음 깊은 곳의 고통을 알아주는 사람이 없을 때 찾아옵니다. 우리는 마음 깊은 곳이 저려올 만큼 아파본 적이 있습니다. 그런데 그렇게 아파하는 순간에 아무도 관심을 가져 주지 않을 때, 그 아픔은 커다란 상처로 남게 됩니다.

유아들이 가끔씩 자위행위를 하는 경우가 있습니다. 아이들이 자신의 몸을 탐색하는 과정에서 자신의 생식기를 만지면 다른 신체부위를 만질 때와는 다른 쾌락을 경험하게 되는 것입니다. 보통의 경우 유아들의 자위행위는 일시적인 행동으로 시간이 지나면서 사라지게 됩니다.

그러나 가끔은 자위행위에 집착하는 아이를 보게 되는데 엄마와 일찍 떨어져 오랜 시간을 어린이집에서 생활하는 맞벌이 가정의 아이나, 동생에게 엄마를 빼앗긴 첫째 아이인 경우가 많습니다.

아이에게 부모란 곧 생명줄과 같은 존재입니다. 그런데 어느 날 갑자기 영문도 모른 채 부모와의 단절을 경험했을 때 아이는 큰 심리적 충격을 경험하게 됩니다. 아이는 그런 고통을 해소하거나 잊기 위한 방법으로 자위행위를 선택하기도 합니다.

이와 같이 인간은 내면의 고통을 해소하거나 잊기 위한 행동을 합니다. 어떤 사람은 육체적인 쾌락에 빠지고 또 어떤 사람은 지나치게 다른 사람의 인정에 목을 매기도 합니다. 권력을 추구하는 사람도 있고, 부를 추구하는 사람도 있습니다. 그러나 그 어떠한 노력도 우리 안의 고통과 외로움을 해결할 수 없습니다. 왜냐하면 내면의 고통과 외로움은 하나님의 사랑을 경험할 수 없는 상태로부터 시작되었기 때문입니다. 따라서 진정한 문제의 해결은 하나님의 사랑을 경험하는 것입니다.

우리의 마음을 받아 주시는 아빠 하나님

우리는 종종 구약의 하나님을 심판하시는 하나님, 그래서 무서운 하나님으로 생각합니다. 그러나 보다 근본적인 구약의 메시지는 구원입니다. 자세히 들여다보면 하나님의 심판은 멸망을 위한 심판이 아니라 구원과 회복을 위한 심판입니다. 하나님은 자녀의 부르짖음과 고통을 외면하지 않으시는 좋으신 아빠이십니다.

> 내가 나의 목소리로 여호와께 부르짖으니 그의 성산에서 응답하시는
> 도다(시 3:4).

> 여호와여 나의 말에 귀를 기울이사 나의 심정을 헤아려 주소서 나의
> 왕, 나의 하나님이여 내가 부르짖는 소리를 들으소서 내가 주께 기도하나

이다 여호와여 아침에 주께서 나의 소리를 들으시리니 아침에 내가 주께 기도하고 바라리이다(시 5:1-3).

성경에는 일일이 열거할 수 없을 정도로 하나님 앞에 자신의 상한 감정을 토해 놓은 글들이 많이 있습니다. 하나님의 자녀는 고통당할 때 자신의 감정을 있는 그대로 아빠 하나님을 향해 드러내 보일 수 있습니다. 그 이유는 하나님께서 자신의 마음을 헤아려 주시는 분이라는 것을 알기 때문입니다.

감정에는 옳고 그름이 없습니다. 하나님께서도 우리의 감정에 대해서만은 옳고 그름을 판단하시지 않습니다. 하나님께서 중요하게 여기시는 것은 우리와 하나님과의 관계입니다. 하나님은 우리가 하나님 앞에서 우리의 어떠한 감정도 숨기지 않고, 토로할 수 있을 만큼 하나님과 친밀한 관계를 맺기 원하십니다. 하나님은 우리가 하나님 앞에 나가서 정답만 나열하기를 원치 않으십니다. 그것은 친밀한 관계가 아닙니다.

하나님과 가장 친밀한 관계를 가지셨던 분은 예수님입니다. 예수님은 십자가를 지시기 전 이런 기도를 하셨습니다.

조금 나아가사 얼굴을 땅에 대시고 엎드려 기도하여 이르시되 내 아버지여 만일 할 만하시거든 이 잔을 내게서 지나가게 하옵소서 그러나 나의 원대로 마시옵고 아버지의 원대로 하옵소서(마 26:39).

우리는 이 기도의 뒷부분만을 기억해서는 안 됩니다. 예수님께서 십자가의 고통을 피하고 싶은 마음, 두려웠던 마음을 하나님 앞에 있는 그대로 쏟아 놓으셨다는 것을 기억해야 합니다. 인간의 연약한 몸을 가지신 예수님은 불안함이나 두려움 같은 연약한 감정까지도 하나님 앞에 쏟아 내실만큼 하나님과 친밀한 관계였습니다. 예수님의 이 기도를 들으신 하나님 아버지의 마음은 어떠셨을까요? 아마도 이렇게 말씀하셨을 것입니다.

"내가 너의 마음을 있는 그대로 알고 있다. 내가 너와 함께 하고 있다. 용기를 내렴."

이런 아빠 하나님의 마음을 예수님은 알고 계셨기에 이렇게 기도 하셨을 것입니다.

그러나 나의 원대로 마시옵고 아버지의 원대로 하옵소서(마 26:39).

아이의 마음을 들여다 보세요

하나님께서 우리의 마음 깊숙한 곳의 모든 감정을 다 헤아리고 계심을 알 때, 우리는 위로를 받고 하나님께서 우리를 사랑하고 계심을 확신할 수 있습니다. 마찬가지로 부모가 자녀의 마음을 세심하게 살피고 이해해 주어야 자녀는 부모의 사랑을 경험하게 됩니다.

사람은 자신의 마음을 알고, 이해해주는 누군가의 영향을 받고 사는 존재입니다. 그래서 아이의 잘못된 행동을 수정하려면 그 아이가 왜 그런 행동을 했는지 먼저 아이의 마음을 들여다보는 것이 우선입니다.

부모는 자녀를 올바른 사람으로 키워야 한다는 책임감으로 인해 자녀의 잘못된 행동을 바로 잡아 주려고합니다. 그런데 자녀의 잘못된 행동을 지적하고 야단치기에 급급해 아이의 마음을 읽지 못한다면 자녀는 부모가 자신의 마음을 모른다고 생각하게 됩니다. 만약 이런 일이 반복된다면 부모는 자녀를 향한 영향력을 잃어가게 됩니다.

예를 들어 어린 나이에 동생을 본 첫째 아이는 동생 때문에 독차지 하던 부모의 사랑을 빼앗겼다고 생각하게 됩니다. 부모는 어린 동생에게 더 많은 관심을 보여주고, 동생과 더 많은 시간을 함께 합니다. 그런데 큰 아이는 아직 왜 부모가 동생에게 더 많은 관심을 보이고, 더 세심하게 사랑을 베풀어 주는 지 이해하지 못합니다.

그래서 동생을 자꾸 때리거나 괴롭히는 행동을 하기도 합니다. 부모는 큰 아이가 왜 그런 행동을 하는지 짐작은 하면서도 큰 아이의 잘못된 행동이 반복되면 언성을 높이기도 하고, 급기야는 매를 들게 됩니다. 그러나 부모는 큰 아이가 왜 동생을 괴롭히는지 그 마음을 들여다 볼 수 있어야 합니다.

큰 아이는 부모가 자기보다 동생을 더 사랑할까봐 두려운 것입니다. 자신은 버림받을지도 모른다는 불안한 마음이 있는 것입니다. 그래서 엄마 품에 안겨서 동생을 안아 주지 못하게 하거나 동생을 때리는 행동을 하는 것입니다.

이렇게 불안정한 마음 상태에 있는 큰 아이에게

"동생이 어리니까 더 많이 보살펴 주는 것이 당연해."

"너도 어렸을 때 엄마가 많이 안아 주었잖아."

"네가 형이니까 동생에게 잘 해 주어야지" 라고 말하는 것은 아무 도움이 되지 않습니다.

큰 아이가 동생을 괴롭혀서 매를 맞거나 크게 야단맞는 순간, 아이의 마음속에 있는 막연한 불안감은 현실이 되어 버립니다.

"맞아. 엄마, 아빠는 나를 버린 거야. 동생만 사랑하잖아. 난 없어졌으면 좋겠다" 라는 생각이 아이의 작은 가슴에 날카롭고, 큰 가시가 되어 깊숙이 박히는 것입니다.

물론 쉽지 않은 일이지만 큰 아이에게 우리는 너를 여전히 사랑하고 있단다. 너보다 동생을 더 사랑하는 것은 아니라는 메시지를 행동으로 보여 주어야 합니다.

기회가 될 때 마다 꼭 끌어안아 주고, 뽀뽀 세례를 퍼붓고, 작은 행동 하나에도 크게 반응해 주는 등의 칭찬과 격려를 아끼지 말아야 합니다. 부모가 큰 아이의 마음을 헤아리려는 노력으로 인내한다면 아이의 마음에 큰 상처를 남기지 않고, 아슬아슬한 시기를 잘 넘길 수 있습니다.

아이가 잘못된 행동을 하였을 때, 크게 혼내서 그런 행동을 반복하지 못하도록 만들겠다는 생각보다 '아이가 왜 그런 행동을 했을까?' 라고 생각해 보아야 합니다. '아이가 혼날 때뿐이고, 자꾸 같은 잘못을 반복하는 것은 무슨 이유가 있는 것이 아닐까?' 라는 생각을 먼저 해보시기 바랍니다.

감정코치-자녀의 감정 수용과 표현하기

하나님께서 우리의 감정을 수용해 주신 것처럼, 우리도 자녀의 감정을 수용해 주어야 합니다. 그리고 그것을 언어로 표현해 줄 수 있어야 합니다. 그런데 우리의 아이들은 커갈수록 부모와 대화를 하지 않습니다. 그러면서 자기들끼리는 온갖 욕설을 써가며 소통을 합니다. 이것을 단지 요즘 아이들의 문제로 받아들여서는 안될 것 같습니다.

어른들은 아이들이 왜 그렇게 되었는지 책임감을 느껴야 합니다. 어른들은 아이들이 자신의 감정을 표현하는 것을 용납하지 않았습니다. 예절바른 인간으로 키우기 위해서는 그렇게 하는 것이 옳다고 믿었습니다.

부모들은 아이들에게 이렇게 말해왔습니다.

"어서 뚝 그치지 못해. 뭐 그런 일로 울고 그래?"

"네가 잘못한 거니까 화내지마."

"어디서 버릇없이 그런 행동을 해!"

"그만한 일로 속상해 하다니 부끄러운 줄 알아."

어려서부터 이런 말을 듣고 자란 아이들은 어른들 앞에서는 자신의 감정을 표현하지 않는 법을 배웠습니다. 그러나 결코 예절바른 인간으로 성장하지는 못했습니다. 어른들 앞에서 표현할 수 없는 마음 속 감정의 찌꺼기들을 서로에게 욕설로, 폭력으로 퍼부으며, 서로에게 상처를 입히는 삶을 살아가고 있는 것입니다.

부모는 자녀의 마음을 들여다보고 자녀의 감정을 읽을 수 있어야 합니다. 그리고 자녀들에게 그들의 감정이 어떤 상태인지 말로서 설명해 주어야 합니다. 아이들이 성숙한 행동을 하지 못하는 것은 자신이 어떠한 감정 상태에 있는지 스스로도 알지 못하기 때문입니다. 자신이 알 수 없는 감정은 통제할 수 없습니다.

예를 들어 어떤 아이가 열심히 블록을 만들어 완성한 후에 뿌듯한 마음으로 엄마에게 자랑하려고 마음먹었습니다. 그런데 엄마에게 보여 주기도 전에 동생이 그만 그 블록을 부숴버렸습니다.

아이는 소리를 지르며 동생을 때렸습니다. 동생은 울음을 터트리며 엄마에게 달려갔습니다. 이런 상황에서 엄마는 어떻게 해야 할까요?

"네가 만든 블록을 동생이 부숴서 정말 화가 많이 났겠구나. 얼마나 열심히 만든 블록인데 엄마라도 정말 화가 많이 났을 거야"라고 아이의 감정을 말로 설명해 주는 것이 필요합니다.

그 다음 단계는 아이가 화가 났을 때 어떻게 행동해야 하는지 가르쳐 주어야 합니다.

"그런데 동생 때문에 화가 났을 때는 동생 때리지 말고, 엄마에게 먼저 와서 말해 주지 않을래? 엄마랑 이야기 하다보면 화가 가라앉을 거야. 엄마랑 약속할 수 있겠니?"

물론 하루아침에 아이가 자신의 감정을 이해하고 자신의 행동을 교정할 수는 없을 것입니다. 그러나 부모가 자녀의 감정을 지속적으로 읽어 주게 되면 부모와 자녀의 관계는 더욱 친밀해 집니다. 왜냐하면 자녀는 자신의 마음을 알아주는 부모에게 스스럼없이 자신의 감정과 의사를 정확히 표현할 줄 아는 법을 배워가기 때문입니다.

'엄마는 어떻게 그렇게 내 마음을 잘 알고 있는 걸까? 정말 대단한 분이야. 동생 때문에 화가 났을 때, 동생을 때리는 것보다 엄마랑 이야기 하는 게 더 좋아. 화도 금방 풀리고 말이야.'

이런 생각이 자녀의 마음에 생겨날 것입니다.

아이가 자신의 감정 상태를 이해할 수 있게 되는 만큼 감정에 대한 통제력도 가질 수 있게 됩니다. 그러한 힘을 만들어 주는 길은 바로 부모가 아이의 감정을 무시하는 대신, 아이의 감정을 있는 그대로 수용하고, 말로 설명해 주는 것입니다.

4장 체벌을 즐겨하지 않으시는 아빠 하나님

성경에 나타난 하나님의 심판

우리는 성경에서 하나님께서 세상을 심판하시는 모습을 종종 발견하게 됩니다. 노아의 홍수 이야기, 소돔과 고모라 이야기, 바벨탑 이야기 등을 통해 하나님의 심판을 목격합니다. 우리는 이러한 하나님의 심판을 통해서 하나님께서 얼마나 죄를 미워하시는지 알 수 있습니다.

그런데 하나님은 그토록 미워하시는 죄를 반복해서 짓는 자기의 백성을 끝까지 포기하지 않으셨습니다. 그것은 바로 하나님의 사랑 때문이었습니다.

이사야 선지자는 하나님의 사랑을 깨닫지 못하여 매 맞은 하나님의 백성의 모습을 이렇게 묘사하고 있습니다.

> 하늘이여 들으라 땅이여 귀를 기울이라 여호와께서 말씀하시기를 내가 자식을 양육하였거늘 그들이 나를 거역하였도다 소는 그 임자를 알고 나귀는 주인의 구유를 알건마는 이스라엘은 알지 못하고 나의 백성은 깨닫지 못하는도다 하셨도다 슬프다 범죄한 나라요 허물진 백성이요 행악의 종자요 행위가 부패한 자식이로다 그들이 여호와를 버리며 이스라엘의 거룩한 자를 만홀히 여겨 멀리하고 물러갔도다 너희가 어찌하여 매를 더 맞으려고 더욱 더욱 패역하느냐 온 머리는 병들었고 온 마음은 피곤하였으며 발바닥에서 머리까지 성한 곳이 없이 상한 것과 터진 것과 새로 맞은 흔적뿐이어늘 그것을 짜며 싸매며 기름으로 유하게 함을 받지 못하였도다(사 1:2-6).

하나님은 때로 매를 드시지만 매 맞아 상처 난 자녀의 모습을 안타까워하시는 분이십니다. 하나님은 매 들기를 즐겨 하는 분이 아니십니다. 하나님은 매를 들어서라도 자녀를 돌이키기 원하는 부모의 마음을 가진 분이십니다.

그러나 그러한 징계에도 우리가 돌아올 수 없다는 것을 아시고, 우리의 죄를 대신하여 하나님의 독생자 예수님께서 고난을 당하게 하셨습니다.

그는 실로 우리의 질고를 지고 우리의 슬픔을 당하였거늘 우리는 생각하기를 그는 징벌을 받아서 하나님에게 맞으며 고난을 당한다 하였노라 그가 찔림은 우리의 허물을 인함이요 그가 상함은 우리의 죄악을 인함이라 그가 징계를 받음으로 우리가 평화를 누리고 그가 채찍에 맞음으로 우리가 나음을 입었도다 우리는 다 양 같아서 그릇 행하며 각기 제 길로 갔거늘 여호와께서는 우리 무리의 죄악을 그에게 담당시키셨도다(사 53:4-6).

우리는 하나님의 징계하심이 무서워 죄를 깨닫는 것이 아닙니다. 예수 그리스도의 고난과 죽음을 통해 나타난 하나님의 그 사랑 때문에 하나님을 향해 돌이키지 않을 수 없게 된 것입니다.

훈육의 목적

아이를 키우면서 종종 느끼게 되는 것은 우리가 성경적이라고 믿어 온 지식이 때로는 성경이 말하는 것과 반대일 경우가 있다는 것입니다. 성경적이라고 믿었던 것이 사실은 우리의 고정관념일 때가 많습니다. 교육에 있어서 체벌이 그 예입니다.

우리가 체벌을 성경적 교육이라고 믿게 된 이유는 바로 잠언의 말씀에 근거합니다.

매를 아끼는 자는 그의 자식을 미워함이라 자식을 사랑하는 자는 근실히 징계하느니라(잠 13:24).

그런데 우리가 이 말씀을 적용할 때 주의해야할 필요가 있습니다. "회초리를 아끼는 것은 자녀를 사랑하지 않는 것이다" 는 말씀이 아이를 사랑할수록 회초리를 자주 들어야 한다는 것을 의미하지 않습니다.

저는 이 말씀의 의미를 회초리를 아껴서는 안 되는 상황이라면 회초리를 드는 것이 자녀를 사랑하는 것이라고 이해하는 것이 더 옳다고 생각합니다. 따라서 부모는 매를 들지 않으면 안 될 만한 상황이 무엇인지 분별할만한 지혜가 있어야 합니다.

뒤에 이어지는 "아들을 사랑하는 사람은 제때에 징계 한다" 는 말씀 역시 '제때에' 라는 말을 어떻게 이해하느냐가 중요합니다. 저는 이 '제때에' 라는 말을 아이가 잘못을 한 그 즉시로 이해하기 보다는 '아이가 자기 잘못을 깨달을 수 있는 타이밍' 이라고 이해하는 것이 옳다고 생각합니다.

예를 들어 아이가 친구에게 무척 억울한 일을 당해서 분노하고,

흥분한 나머지 친구를 주먹으로 때렸다면 어떻게 훈계해야 할까요? 아이의 흥분이 채 가라앉지 않은 상황에서 매를 들어 아이를 징계하는 것이 옳을까요? 아니면 아이의 흥분이 가라앉기를 기다렸다가 아이의 설명을 충분히 듣고 나서 아이의 잘잘못을 따지는 것이 옳을까요?

아이가 억울한 마음이 채 가시지도 않은 상태에서 부모에게 매까지 맞게 된다면 아이는 자신의 잘못을 돌아보거나 뉘우칠 기회를 잃어버리게 될 것입니다. 아이는 부모 앞에서는 매가 두려워 자기의 행동을 조심할 수 있지만 마음에는 올바른 도덕적 판단의 기준을 세울 수 없게 됩니다.

그릇된 훈육은 자녀를 망친다

제가 학원 강사로 일할 때였습니다. 어느 날 한 초등학생 남자 아이가 눈가에 퍼렇게 멍이 들어 왔습니다. 평소에 활발하던 아이는 기가 죽어 있었습니다. "누구랑 싸웠니?"라는 물음에도 대답이 없었습니다.

저는 아이의 어머니를 통해서 사실을 전해 듣게 되었습니다. 아이가 아빠에게 거짓말을 했는데 아이는 거짓말이 아니라고 우겼다는 것입니다. 아빠는 화가 치밀어 올랐고, 아이에게 거짓말한 것을 인정하면 용서하겠다고 마지막 기회를 주었습니다. 아이는 끝까지 거짓말한 것을 인정하지 않았고, 아빠는 아이를 사정없이 때렸습니다.

저는 이 얘기를 듣고 참 안타까웠습니다. 아이는 잘못을 인정하면 용서해 주겠다는 말을 듣고도 왜 끝까지 거짓말한 것을 인정하지 않았을까요? 아이의 마음속에 아빠를 향한 신뢰가 없었기 때문입니다. 아이는 아빠를 두려워하고 있었던 것입니다. 어쩌면 아이는 정말 거짓말을 하지 않았고 아빠가 잘못 안 것일 수도 있습니다. 만약 그랬다면 아이는 마음에 엄청난 상처를 입었을 것입니다.

우리가 중요하게 생각해야 할 것은 훈육의 방법이나 수단보다 훈육의 목적입니다. 훈육의 목적은 아이로 하여금 자신의 잘못된 행동에 대한 대가를 치르게 하는 것이 아니라, 자기의 행동이 잘못된 것임을 깨닫게 하는 것입니다.

네가 이러이러한 잘못을 저질렀으니 그 대가로 손바닥 몇 대를 맞아야 한다는 식으로 훈계하는 것은 바람직하지 않습니다. 왜냐하면 아이가 당장은 매가 무서워 입으로 자기의 잘못을 시인할 수는 있지만, 그것이 진실 된 뉘우침은 아닐 수 있습니다. 또한 아이는 이 체벌로 인해 '나는 내 죄 값을 다 치렀다'는 생각을 하게 될 수 있습니다. 이렇게 아이의 몸에 고통을 주는 것으로 잘못을 깨닫게 하려는 시도는 적절하지 못한 훈육입니다.

하나님의 공의는 죄인을 심판하실 수밖에 없습니다. 그러나 하나님의 사랑은 당신의 자녀들을 훈육하시기 위해 죽기까지 사랑하셨습니다. 예수님을 우리에게 보내 대신 죄 값을 치르도록 하셨습니다. 이것이 바로 하나님의 우리를 향한 사랑의 훈육입니다.

> 하나님이 세상을 이처럼 사랑하사 독생자를 주셨으니 누구든지 저를 믿는 자마다 멸망치 않고 영생을 얻게 하려 하심이라(요 3:16).

이런 복음의 진리가 자녀를 훈육하는 부모에게 주는 교훈은 매우 중요합니다. 훈육의 목적이 자녀로 하여금 자신의 잘못을 깨닫고 바른 길을 가게 하는 것이라면, 그것을 가능케 하는 것은 부모의 사랑입니다.

잘못을 깨닫게 하는 부모의 사랑

어릴 때 매를 맞고 자란 분들 중에는 "나도 부모님께 매를 맞고 자랐고, 그 사랑의 매 덕분에 내가 바르게 자랄 수 있었다"라고 고백하는 분들도 있습니다. 그분들의 경험이 옳은 것이라면, 그분들을 바르게 자랄 수 있도록 인도한 것은 매가 아닌 부모님의 사랑입니다.

부모가 자기를 사랑하고 있다는 확신이 있는 아이는 부모의 매

조차도 사랑으로 느껴지게 합니다. 즉, 꼭 매가 아니어도 부모가 자신을 사랑한다는 확신만 있다면 아이는 부모의 전 인격을 통해 자기의 잘못을 깨달을 수 있다는 것입니다.

비폭력과 무소유의 공동체 브루더호프(Bruderhof)의 리더인 요한 크리스토프 아놀드(Johann Cristoph Arnold)는 「아이는 기다려 주지 않는다」에서 자신의 경험에 대해 이렇게 고백하고 있습니다.

> 내가 여덟 살인가 아홉 살 때, 아버지를 너무나 화나게 해서 아버지가 매를 들려고 한 적이 있다. 아버지가 막 매를 내리치려고 할 때 나는 아버지를 쳐다보았다. 그리고 나도 모르게 불쑥 이렇게 말했다. "아빠, 잘못했어요. 맞는 건 상관없어요. 하지만 그래도 아빠가 날 사랑하는 걸 알아요."
>
> 놀랍게도 아버지는 허리를 굽혀 나를 감싸 안더니 마음 깊은 곳에서 나오는 부드러운 목소리로 말했다. "크리스토프, 널 용서하마." 내가 용서를 빌자 아버지의 노여움이 완전히 누그러진 것이다. 이 일로 인해 아버지가 나를 얼마나 사랑하는지 알게 되었다. 이때 일은 지금까지도 생생한 기억으로 남아 있다(2008:59-60).

그 수단이 무엇이건 부모의 훈육을 통해서 자기의 잘못을 깨닫고, 인정하게 되기까지 반드시 필요한 요소는 부모에 대한 굳건한 신뢰입니다. 부모가 아이의 잘못을 지적할 때, 부모가 말한 대로 자기의 행동이 잘못되었다고 인정한다면 그것은 아이가 부모를 신뢰하고 있다는 증거입니다.

반대로 아이가 "내가 무엇을 잘못했냐?"며 부모의 훈육에 반항한다면 아이는 부모를 신뢰하고 있지 않은 것입니다. "말로 해서 들으면 왜 매를 들겠어요"라고 말하기에 앞서 말로 해서 듣지 않는 아이를 보며, 내가 아이에게 먼저 신뢰를 잃은 것은 아닌지 생각해 보아야 합니다.

진정한 신뢰

신뢰는 한 인격이 믿을 만한 대상을 향해 느끼는 마음입니다. 그런데 아이는 신기하게도 태어날 때부터 부모를 향한 신뢰를 가지고 태어납니다. 아이가 무엇을 경험하기 이전에 아이 안에 부모를 향한 거의 완전한 신뢰가 있다는 것은 하나의 신비입니다.

어떤 아이도 부모를 향한 의심을 가지고 태어나지 않습니다. 아이는 태어나는 순간 부모가 자기를 사랑하고 돌봐 줄 것이라는 확신을 가지고 태어납니다. 아기가 배가 고플 때 우는 모습을 보면 엄마가 곧 젖을 물려 줄 것이라는 확신에 차있는 듯합니다.

아기가 아빠의 품에 안겨 잠들어 있는 모습을 보면 완전한 평안 속에 있습니다. 자기를 안고 있는 존재를 향한 완전한 신뢰 없이는 불가능한 것입니다. 부모가 어떠한 순간에도 아기를 떠나지 않고, 아기가 필요한 것들을 바로 바로 채워줌으로써 아기는 부모를 향한 신뢰를 유지해 가는 것입니다.

결국 아이가 본래적으로 부모를 향해 가지고 있는 신뢰감을 지속할 수 있는가 없는가는 전적으로 부모가 아이를 어떻게 사랑하는가에 달려 있는 것입니다. 그러나 성장 과정에서 부모의 사랑을 충분히 경험하지 못한다면 부모를 향한 아이의 신뢰가 흔들리게 됩니다.

따라서 요즘 아이들이 부모의 말을 잘 듣지 않는다면 그것은 요즘 아이들이 과거에 비해 부모의 사랑을 충분히 경험하지 못하고 있기 때문이라고 해도 과언이 아닙니다. 요즘 아이들이 과거에 비해 부모의 사랑을 덜 받는다는 말에 좀 의아해 하실 분이 계실 것입니다. 요즘처럼 아이들에게 헌신하는 부모가 어디 있냐고 말입니다.

그도 그럴 것이 보통 한 가정에 한 아이만 낳는 경우가 많습니다. 적게 낳는 대신 아이를 위해 물질을 아끼지 않습니다. 그러나 핵심을 들여다보면 또 다른 요소가 아이들에게 작용하고 있습니다. 그것은 바로 우리 부모들의 무의식에 돈이 아이를 키운다는 생각이 자리 잡고 있는 것입니다.

부모들은 인생에 필요한 지식을 부모의 삶을 통해 전달하려 하지 않습니다. 자녀의 눈을 들여다 보며 대화하기 보다 전문교육 기관에 맡겨야 한다고 생각합니다. 그래서 엄마들은 아이에게 들어가는 비용을 충당하기 위해 직장에 나갑니다. 아이들은 과거보다 더 좋은 음식을 먹고 좋은 옷을 입으며, 더 질 높은 교육을 받는다고 하지만 부모와 함께 있는 시간은 현저히 줄어 버렸습니다. 아이들이 부모의 사랑을 경험하고, 느낄만한 절대적인 시간의 양이 부족해진 것입니다.

부모가 자녀에게 많은 물질을 쏟아 부어도 자녀는 부모의 사랑을 느끼지 못할 수도 있습니다. 반대로 부모가 가난해도 자신이 부모의 충분한 사랑을 받고 있다고 느끼는 아이도 있습니다. 아이가 경험하는 부모의 사랑은 자신에게 더해지는 물질의 양과는 전혀 무관하기 때문입니다.

아이는 부모가 자신을 정말 귀한 존재로 여기고 있다는 것을 느낄 때, 부모의 사랑을 경험하게 됩니다. 아이는 부모가 자신의 감정을 무시하지 않고, 있는 그대로 수용해 줄 때, 부모가 자신을 사랑하고 있다는 것을 알게 됩니다.

아이가 부모의 말을 잘 듣지 않는다고 속상해 하기에 앞서 부모의 사랑이 충분히 전달되고 있는지부터 확인해 보아야 합니다. 아이가 어떻게 하면 부모의 말을 잘 듣게 할 수 있을까 고민하기보다 부모와 신뢰의 관계를 형성하고 있는지부터 점검해 보아야합니다.

 아이와 좀 더 많은 시간을 함께 해야 합니다. 아이의 말을 좀 더 귀담아 들어 주어야 합니다. 부모가 아이와 함께 자신의 삶을 나눌 수 있다면, 아이는 부모의 삶을 보고 자기의 잘못을 깨닫게 될 것입니다.

훈육의 목적이 자녀로 하여금 자신의 잘못을 깨닫고 바른길을 가게 하는 것이라면,

그것을 가능케 하는 것은 부모의 사랑입니다.

Part 2

진리를 가르치시는
우리 아빠 우리 하나님

5장 새로운 법을 주신 아빠 하나님

하나님이 주신 법

우리가 사는 세상에는 법이 있습니다. 법은 우리의 자유를 제약하는 것처럼 느껴질 때도 있지만, 우리를 보호하는 역할을 합니다. 만약 이 사회에 법이 없다면 세상은 무법천지가 되고 말 것입니다. 따라서 법은 모두가 지켜야 할 규칙입니다.

하나님을 믿는 우리들 역시 이 세상의 법을 지키며 살아가고 있습니다. 그런데 우리에게는 세상의 법 아닌 또 다른 법이 존재합니다. 그것은 하나님께서 우리의 아빠로서 자녀인 우리에게 주신 법입니다. 돌판에 새기거나 법전에 기록한 것이 아닌 마음에 새긴 법입니다.

예레미야 선지자는 하나님께서 우리에게 주신 새로운 법에 대해 다음과 같이 전하고 있습니다.

> 나 여호와가 말하노라 그러나 그 날 후에 내가 이스라엘 집에 세울 언약은 이러하니 곧 내가 나의 법을 그들의 속에 두며 그 마음에 기록하여 나는 그들의 하나님이 되고 그들은 내 백성이 될 것이라 그들이 다시는 각기 이웃과 형제를 가리켜 이르기를 너는 여호와를 알라 하지 아니하리니 이는 작은 자로부터 큰 자까지 다 나를 앎이니라 내가 그들의 죄악을 사하고 다시는 그 죄를 기억지 아니하리라 여호와의 말이니라(렘 31:33-34).

하나님께서는 우리의 마음 속에 하나님의 법을 기록해 주시겠다고 말씀하셨습니다. 하나님께서 각 사람의 마음 속에 하나님의 법을 기록하신 목적은 바로 하나님을 알도록 하기 위해서입니다. 사람들이 죄를 짓는 근본 이유는 법의 문자적 내용을 몰라서가 아니라 하나님을 알지 못하기 때문이라는 것입니다. 하나님을 알게 되면 더 이상 죄를 지을 필요가 없게 된다는 말이기도 합니다.

그리고 하나님은 하나님을 알게 된 사람이 이전에 지었던 모든 죄악에 대해서는 아예 기억하지도 않으시겠다고 말씀하셨습니다.

하나님을 섬기는 부모는 하나님께서 하나님의 법을 우리의 마음 속에 새기실 때 어떤 방법을 사용하셨는지 기억해야 합니다.

하나님은 우리가 잘못할 때마다 뼈에 사무치는 고통을 겪게 하심으로 하나님의 법을 새기신 것이 아니라 예수님을 우리를 위해 대신 죽게 하심으로 그렇게 하셨습니다. 당신이 자녀의 마음 속에 바른 법을 심어 주는 것 역시, 당신의 사랑으로만 가능하다는 사실을 알아야 합니다.

아이의 규칙 세우기

아이는 성장하면서 자기가 하고 싶은 대로 살 수는 없다는 것을 알게 됩니다. 때문에 아이는 자신이 해서는 안 될 일과 해야만 하는 일이 무엇인지 배우는 것이 필요합니다. 함께 살아가는 데 서로 지켜야할 규칙이 있다는 것을 배우게 되는 것입니다.

그렇다면 아이에게 언제부터 규칙을 가르쳐 주어야 할까요? 보통의 경우 우리나라 나이로 3세 초, 중반의 아이들은 친구를 때리면 친구가 아프니까 친구를 때리면 안 된다는 논리를 가질 수 없습니다. 아무리 설명을 해 주어도 뒤돌아서서 친구를 때리고 싶은 상황에 직면하게 되면, 또 다시 친구를 때리게 됩니다.

"친구를 때리면 안 된다고 했잖아. 도대체 몇 번이나 말해야 알겠니?" 라고 말하는 것은 아이의 발달과정에 대한 이해가 없기 때문입니다.

우리 속담에 '쇠귀에 경 읽기' 라는 말이 있습니다. 아무리 타일

러도 말을 듣지 않는 사람을 보고 하는 말입니다. 그러나 잘 생각해 보면 소에게 잘못이 있는 것이 아니라 소에게 경을 읽어 준 스님이 어리석은 것입니다.

이 시기의 아이가 다른 친구를 때린다면 때리는 손을 단단히 쥐고 엄한 표정을 지으며 "안 되는 거야"라고 한 마디 하는 것으로 끝내야 합니다.

아이가 만약 "네가 내 장난감을 빼앗아 가니까 속상해하잖아" "나는 할머니를 사랑해요. 왜냐하면 우리 엄마를 낳아 주셨잖아요"라는 식의 말을 한다면 아이의 사고에 논리구조가 생기기 시작한 것입니다.

여아의 경우 4세, 남아의 경우 5세 이상이 되면 기초적인 논리 사고를 할 수 있습니다. 어린이집에서의 경험에 비추어 보면 3세 반 아이들은 "친구가 들고 있는 장난감을 빼앗으면 안 된다"고 설명해도 자꾸 친구의 손에 있는 장난감을 빼앗아 갑니다. 여러 번 선생님에게 제지를 당하면 선생님이 보지 않을 때를 틈타서 친구의 장난감을 빼앗기도 합니다.

그러나 4세 반 아이들은 친구의 장난감을 빼앗는 빈도가 많이 줄어들 뿐만 아니라 선생님이 "친구 장난감 가져가면 안 된다고 했지?"라고 말하면 스스로 돌려줍니다. 장난감을 빼앗긴 아이도 "내가 가지고 놀던 장난감이니까 가져가면 안 돼"라고 자신의 우선권을 주장합니다. "선생님, ○○가 ○○를 때렸어요"라고 말하는 것도 친구를 때려서는 안 된다는 규칙이 아이의 마음속에 있다는 증거입니다.

가정의 규칙세우기

아이는 자라면서 다른 사람과 함께 살아가기 위해 서로가 지켜야하는 규칙이 있다는 것을 깨닫게 됩니다. 그런데 어린이집에서는 규칙을 잘 지키는 아이가 집에서는 무법자처럼 행세하는 경우가 종종 있습니다. 이것은 가정에서 아이에게 규칙을 적용해 주는 사람이 없기 때문에 생기는 현상입니다.

예를 들어 아이가 어린이집에서는 쿠키를 한 조각 먹고 나서 더 먹고 싶어도 더 달라고 떼를 부리지 않습니다. 그것은 한 사람이 한 조각씩 공평하게 먹는다는 규칙을 잘 알고 있기 때문입니다. 그런데 이 아이가 집에 가면 엄마에게 떼를 부리며 쿠키를 더 달라고 과격한 행동을 합니다. 아이는 어린이집에서와는 달리 집에서는 정해진 규칙이 없다는 것을 알고 있기 때문입니다.

선생님은 아이가 아무리 떼를 부려도 흔들림 없이 "쿠키는 하루에 한 조각이다"라는 룰을 적용합니다. 하지만 엄마는 "쿠키는 하루에 한 조각이야"라고 말해 놓고는 아이의 떼를 못 이겨 쿠키를 더 내주고 맙니다.

이렇게 아이가 부모가 정해 놓은 규칙을 한 번 깨고 나면 언제나 부모가 정한 규칙을 깨려는 무법자가 되고 맙니다. 표면적으론 아이가 부모의 규칙 깨트린 것처럼 보이지만, 사실 부모가 자신이 정한 규칙을 지키지 못한 것입니다.

그래서 부모가 아이에게 규칙을 정해 줄 때는 아주 신중하게 접근해야 합니다. 그때 그때 상황에 따라 규칙을 남발해 버리고 제대로 지키지 않는다면 아이 입장에서는 부모의 말을 신뢰할 수 없을 것입니다.

아이에게 멍에가 되는 규칙

요즘은 아이들이 초등학교 고학년이나 중학생 초반이면 사춘기를 경험하게 됩니다. 어떤 아이들은 사춘기를 비교적 순탄하게 넘기지만 어떤 아이들은 사춘기를 심하게 앓기도 합니다.

부모들은 아이가 갑자기 반항이 심해져 감당할 수 없다고 하소연 합니다. 가장 큰 충격을 경험하는 부모들은 한 번도 부모의 뜻을 어겨 본 적이 없는 아이가 갑자기 학교에서 문제를 일으키는 경우입니다.

선생님이나 어른들에게 지나치게 순종적이며 자기 의사표현을 잘 못할 정도로 조용하던 아이가 약한 친구를 왕따 시키는데 앞장서기도 하고 친구들과 어울려 술이나 담배를 하기도 합니다. 이러할 때 부모는 큰 충격을 받으면서 다음과 같이 말합니다.

"우리 애는 정말 착한 아인데, 친구를 잘못 만났나 봐요. 한 번도 부모에게 대들어 본 적이 없는 애예요."

이런 부모들이 강조하는 것은 자기 아이가 언제나 부모가 시키는 대로 하는 착한 아이였다는 것입니다.

우리의 유교적 가치관에서 보면 자녀가 부모에게 순종하는 것이 효이며 인간의 마땅한 도리입니다. 그러나 무조건 부모가 시키는 대로 따라 살게 하는 것이 미덕이고, 진정으로 아이를 위한 길인지는 생각해 보아야 할 것입니다.

아이가 성장하면서 필요한 규칙들이 있습니다. 그런데 가끔 부모가 아이에게 규칙을 주는 것에 대해 잘못된 이해를 가지고 있는 경우도 있습니다.

'어떤 일이 있어도 말대답을 해서는 안 된다.'

'부모님의 말씀에는 무조건 "예"라고 대답해야 한다.'

'부모가 지시하면 하고 싶지 않아도 일단 해야 한다'는 식의 규칙은 인간이 로봇을 프로그래밍 할 때나 필요한 것들입니다.

아주 어릴 때부터 그러한 규칙을 강요 당해왔다면 아이는 겉으로 볼 때 아주 순종적이고, 예의바른 모습으로 자랄 것입니다. 그러나 아이는 부모의 소유가 아닌, 자기의 독립된 의지를 가진 인격체입니다. 부모의 뜻을 어길 수 없었던 아이라도 사춘기가 되면 자신의 정체성을 고민하게 됩니다. 부모가 시키는 대로만 살아왔던 삶의 관성과, 독립된 인격체로서의 자신의 정체성이 충돌을 일으키게 됩니다.

그래서 아이는 혼란을 겪게 됩니다. 아이는 차마 부모가 보는 앞에서 자기의지대로 살 수 없기 때문에 부모의 눈이 미치지 않는 자리에서 자기마음대로 살아버리는 비행을 저지르게 되는 것입니다.

이렇게 아이가 혼란과 감정적 고통을 겪는 것은 부모가 아이를 독립된 인격체로 인정하지 않았기 때문입니다. 아이 자신이 독립된 인격임을 알아 갈 수 있도록 기다리고 아이와 소통하려는 노력을 멈추지 말아야 합니다. 이 시기에 가정에서 아이를 내놓은 자식으로 취급하고, 학교에서 문제아로 낙인찍는다면 아이는 자신의 삶에 대해 책임 있는 삶을 살아가는 인격체로 성장하기 어려울 것입니다.

규칙이 될 수 없는 잔소리

어떤 부모들은 아이에게 끊임없이 잔소리를 합니다.

"공부해라."

"네 방 정리해라."

"숙제해라."

"컴퓨터 그만 해라."

부모는 아이가 무언가 하고 있을 때마다 지금 당장 네가 하고 있는 일을 그만두고 해야 할 일을 하라는 식으로 말합니다. 물론 잔소리하고 싶은 부모는 아무도 없을 것입니다.

그래서 부모들은 종종 이렇게 말합니다.

"아이가 스스로 알아서 잘 하면 왜 잔소리를 하겠습니까?"

물론 이 말도 일리가 있습니다. 그런데 부모가 잔소리를 계속해야 하는 이유를 가만히 살펴보면 아이가 자기가 해야 할 일이 무엇인지 모르고 있는 경우도 많습니다.

"아니, 매일매일 반복되는 잔소리를 듣는데도 어떻게 모를 수가 있나요?" 라고 반문할 수도 있습니다. 그러나 사실은 부모가 매일 잔소리를 하기 때문에 그 일을 자기가 알아서 해야 할 일이라고 생각하지 않는 것입니다.

엄마가 "컴퓨터 끄고 어서 가서 숙제해" 라고 말하면 아이는 짜증을 내면서 방문을 쾅 닫고, 방으로 들어가 버립니다. "TV 그만 보고 책 읽어라" 고하면 "엄마는 왜 책 안 읽어?" 하고 말대답을 합니다.

부모들은 죽어라고 말 안 듣는 자녀들에게 잔소리하고 싸우느라 하루하루가 전쟁 같다고 합니다. 이러한 전쟁이 계속된다면 부모와 아이의 사이가 멀어질 수도 있습니다. 더욱 큰 문제는 아이가 잔소리를 싫어하면서도 잔소리 없이는 살아갈 수 없는 존재가 되어 간다는 것입니다.

부모가 끊임없이 아이의 귀에 잔소리를 하는 것은 아이가 자신의 행동에 책임질 수 있는 기회를 박탈하는 것입니다. "지각한다. 서둘러라" 하고 잔소리하면 아이는 지각하지 않을 수도 있습니다. 하지만 꾸물대다가 지각을 하면 어떤 결과가 자신에게 되돌아오는지 배우지 못하게 됩니다.

숙제하라는 잔소리를 멈춰야 합니다. 그래야 숙제를 하지 않고 학교에 갔을 때 친구들 앞에서 선생님께 혼나는 일이 얼마나 기분 나쁜 일인지 알게 될 것입니다. 부모들은 내 아이가 선생님께 혼나는 것보다는 차라리 부모의 잔소리를 몇 마디 듣는 게 더 낫다고 생각할지 모릅니다. 하지만 아이가 자기 선택에 대한 결과가 무엇인지 경험할 수 있도록 해야 합니다. 그래야 자기 삶에 대한 책임감을 배울 수 있습니다.

부모가 가장 많이 하는 잔소리는 바로 "공부해라" 일 것입니다. 그럼 아이가 가장 듣기 싫어하는 잔소리는 무엇일까요? 역시 "공부해라" 입니다.

아이는 왜 공부를 스스로 알아서 하지 않는 것일까요? 공부가 재미없다고 느끼기 때문입니다. 누구나 재미없는 일, 왜 하는지도 모르는 일을 하고 싶어 하지 않습니다. 부모 자신도 학창시절 공부하는 일이 즐거운 경험은 아니었을 것입니다.

공부하라는 잔소리 대신 온 가족이 함께 책 읽는 시간을 정하는 것이 좋습니다. 부모와 아이가 각자 좋아하는 책을 선택해서 같은 공간과 시간에 함께 책을 읽는다면 공부하라는 잔소리는 사라지게 될 것입니다.

아이에게 행복을 주는 규칙

아이에게 규칙을 정해 주는 목적은 아이가 자기 마음대로 행동했을 때, 아이가 겪게 될 나쁜 결과로부터 아이를 보호하기 위한 것입니다. 더 나아가 그 규칙을 지킴으로 해서 행복한 삶을 누릴 수 있게 하려는 것입니다.

부모가 아이에게 규칙을 주는 것은 마땅히 그 규칙이 아이에게 유익하기 때문입니다. 어떤 부모도 자녀에게 나쁜 것을 주지는 않을 것입니다. 부모가 아이에게 규칙을 주는 목적은 아이를 보호하고, 아이를 행복하게 하기 위함입니다.

부모가 아이에게 해서는 안되는 행동이나 해야 하는 행동을 정해 주는 것은 그러한 행동을 하거나 하지 않았을 때 아이에게 미치게 되는 부정적인 결과들로부터 아이를 지켜 주기 위함입니다.

부모가 아이에게 과자를 먹은 뒤에는 이를 닦아야 한다는 룰을 주었다면 그것은 과자를 먹고 이를 닦지 않았을 때 아이의 이가 썩고 아이가 고통받게 될 결과로부터 아이를 보호하기 위한 것입니다.

겉으로는 규칙이 아이를 제약하는 것처럼 보일 수 있습니다. 하지만 부모가 정한 규칙을 아이가 내면으로 이해하고 지키게 된다면 아이는 스스로를 나쁜 결과로부터 자신을 보호하게 되는 것입니다.

아이의 마음에 새겨지는 부모의 삶

아이가 어떠한 삶을 사느냐는 그 아이의 내면에 새겨진 것이 무엇이냐에 따라 결정됩니다. 물론 부모는 말로 자녀에게 바른 규범이나 행동을 가르칠 수 있습니다. 그러나 자녀의 가슴에 새겨지는 것은 부모의 말이 아닌 부모의 삶입니다.

올바른 가치를 따라 사는 부모만이 아이에게 바른 법을 제시할 수 있습니다. 이것이 아이에게 주는 법의 본질입니다.

모든 부모가 아이들에게 올바른 규칙을 줄 것 같지만 사실은 그렇지 않습니다. 어린 시절 읽었던 잊혀지지 않는 이야기가 있습니다.

어떤 홀어머니에게 한 아들이 있었습니다. 어느 날 이 아들이 다른 사람의 물건을 훔쳐 왔습니다. 어머니는 이런 아들의 행동을 나무라지 않고 모른 체 했습니다. 아들은 계속해서 물건을 훔쳤습니다. 이 아들은 결국 경찰에 잡혀 사형을 당하게 되었습니다. 사형장으로 끌려가면서 아들이 마지막으로 어머니에게 할 말이 있다고 하였습니다. 군인들이 아들을 어머니에게 데려가자 아들은 어머니의 귀에 "당신이 나를 야단쳤더라면 내가 이렇게 되지는 않았을 것이오"라고 말하고는 어머니의 귀를 꽉 물어 버렸습니다.

이 이야기를 읽고, 저는 어린 나이에도 이런 생각이 들었습니다.

'물건을 훔쳐도 혼내지 않는 어머니도 있구나! 죽기 전에도 자신의 잘못을 뉘우치지 않고, 어머니 탓만 하는 못된 아들도 있구나!'

물론 이 이야기 속의 어머니처럼 도둑질하는 자식을 나무라지 않는 부모는 그리 많지 않을 것입니다. 그러나 자녀에게 거짓말하지 말라고 하면서 본인들은 자녀가 보는 앞에서 거짓말을 하는 부모는 많습니다.

자녀에게 친구의 잘못을 용서하라고 말하면서 본인들은 자녀 앞에서 다른 사람의 허물을 들추고, 자기에게 잘못한 사람을 욕하는 경우가 많습니다.

부모가 자녀에게 주는 규칙은 말이 아니라 부모의 삶입니다. 아무리 말로 올바른 규칙을 정해도 부모가 올바르게 살지 않는다면 자녀는 부모의 일관성 없는 삶을 보며 배우게 될 것입니다.

아이에게 늘 거짓말하지 말라고 강조하는 부모가 매표소 앞에서 "우리 아이 유치원생입니다"라고 거짓말하는 순간, 그것은 아이에게 '지금까지 내가 너에게 한 모든 말이 다 거짓말이다'라고 말하는 것과 같습니다.

평소에 "다른 사람을 때리면 안 된다"고 가르치던 부모가 친구에게 맞고 들어온 아이에게 속상한 마음에 "바보같이 맞지 말고, 너도 같이 때려"라고 말한다면 아이는 '도대체 무엇이 옳은 것일까?' 혼란을 겪게 될 것입니다.

눈앞의 작은 이익 때문에 쉽게 거짓말 하는 것이 사람의 본성입니다. 순간의 분노를 참지 못하고 기어이 상대방에게 자기가 당한 고통을 되갚아 주고자 하는 것이 사람의 감정입니다. 사람의 보편적인 본성과 감정을 뛰어 넘는다는 것은 말처럼 간단하지 않습니다. 본인도 지키지 못하는 규칙을 과연 어린 자녀들이 지킬 수 있을까요?

부모가 입으로 말하는 규칙은 그것이 아무리 도덕적이고, 숭고하다해도 자녀에게 아무런 효력을 미치지 못합니다. 진정으로 자녀에게 줄 수 있는 규칙은 부모 자신의 삶인 것입니다.

부모를 사랑하는 아이가 부모의 말을 따른다

만약 어떤 사람이 하나님의 말씀대로 살고자 하는 열망에 불타고, 그렇게 사는 사람이 있다면 그는 분명 하나님을 사랑하는 사람일 것입니다. 하나님을 사랑하는 만큼, 하나님께서 기뻐하시는 삶을 살고 싶어 하는 것이 당연한 일이기 때문입니다. 그러나 어느 날 갑자기 '난 오늘부터 하나님을 사랑하기로 결심했다' 하고서 하나님을 사랑하게 된 사람은 없습니다. 우리가 하나님을 사랑하는 것은 하나님께서 먼저 죄인된 우리를 사랑해 주셨기 때문입니다. 하나님의 사랑을 경험한 사람만이 하나님을 사랑할 수 있는 것입니다.

이와 동일한 원리가 부모와 자녀 간에도 적용됩니다. 아이가 부모의 말을 가볍게 여기지 않고, 부모의 말을 따른다면 그것은 아이가 부모를 사랑하고 있다는 증거입니다. 그리고 아이가 부모를 사랑한다면 그것은 부모가 먼저 아이를 사랑했기에 가능한 일입니다.

이처럼 우리의 자녀를 바른 길로 인도할 수 있는 것은 부모가 정해준 규칙이 아닙니다. 오직 부모의 사랑과 헌신만이 자녀를 살리는 규칙을 완성할 수 있게 합니다.

초콜렛을 입가에 잔뜩 묻힌 채, 초콜렛을 먹지 않았다고 잡아떼는 아이에게 회초리를 들기보다 "초콜렛이 너무 먹고 싶어서 참을 수가 없었구나. 그런데 다음엔 거짓말하지 말아라" 이렇게 말하고, 그냥 아이를 꼭 안아주면 안 될까요?

아이가 거짓말의 유혹을 이기기에는 아직 어린 것일 수도 있습니다. 정직이라는 가치가 아직 내면화되지 않은 것입니다. 그런데 우리는 가끔 거짓말만은 용서할 수 없다며 거짓말한 아이를 가혹하게 다루는 부모를 보게 됩니다.

아이에게 어떤 가치가 내면화되기까지는 오랜 시간이 필요합니다. 또한 아이는 부모 스스로가 자신이 말하는 규칙과 일치하는 삶을 살고 있는 것을 확인하는 경험을 필요로 합니다.

따라서 아이에게 규칙이 세워지기 위해 부모의 기다림과 사랑의 헌신이 필요합니다. 지금도 우리의 아빠 하나님은 빙그레 웃으시며 우리를 사랑의 눈으로 바라보고 계십니다. 비록 지금은 우리가 그분의 규칙을 온전히 지킬 수 없다 할지라도, 그분의 사랑이 우리를 온전케 하실 것입니다. 우리의 아빠 하나님께서 우리를 바라보시는 그 마음과 그 눈으로 우리의 자녀들을 바라볼 수만 있다면 언젠가 자녀들의 가슴에 하나님의 법이 새겨지게 될 것입니다.

♥ 6장 자연을 주신 아빠 하나님

시골로 이사가다

저희 가족은 얼마 전 서산으로 거처를 옮겼습니다. 아들 승원이가 도시 보다 자연을 만날 수 있는 시골에서 자라는 것이 더 좋겠다고 생각했기 때문입니다. 서산은 아름다운 산과 계곡, 바다를 볼 수 있는 아주 멋진 곳입니다.

주변 사람들은 아이 교육을 어떻게 하려고 시골로 가냐고 말하기도 했지만, 저희 부부의 생각은 아이 교육을 위해 시골로 가야 한다는 것이었습니다. 그리고 산과 바다에서 마음껏 뛰어 노는 승원이를 보면서 역시 좋은 선택을 했다는 생각을 하게 됩니다.

경쟁에서 이겨야 행복할까?

부모는 자녀를 도시에서 키워야 한다고 생각합니다. 그래서 집값이 비싸도 자녀를 위해 좋은 학군으로 이사를 가기도 합니다.

또한 문화센터나 학원 등이 있어야 아이들을 잘 키울 수 있다고 생각합니다. 이런 생각은 결국 아이를 경쟁력 있는 사람으로 만들어 내는 것이 부모의 역할이라고 믿는 데서 시작됩니다. 물론 아이가 좋은 성적을 얻고, 다른 아이들과의 경쟁에서 이기려면 학원이 많은 도시에서 아이를 키우는 것이 유리할 것입니다.

그런데 아이들은 경쟁력 있는 사람이 되기 위한 삶을 살면서 행복할 수 있을까요? 설령 경쟁력 있는 사람이 된다 하여도 언제나 다른 사람과 경쟁만 하며 살았던 사람이 어떻게 자기 자신의 인생과 이 세상을 아름답게 끌고 갈 수 있을지 의문이 듭니다.

경쟁에 내 몰린 아이들은 자라서 남부러워 할 만한 직장이나 직업을 얻게 되어도 경쟁을 멈추지 못 할 것입니다. 결국 인생의 대부분을 앞만 보고 달려가느라 세상에 아름다운 것들이 얼마나 많은 지 볼 수 없을 것입니다. 언제나 더 좋은 학교, 더 나은 직장, 더 많은 연봉을 위해 살게 됩니다. 너무나 바빠 넘어진 사람의 손을 일으켜 주고, 울고 있는 사람 곁에 잠시 머물러 주는 일이 얼마나 가슴 벅차고 뿌듯한 일인지 경험할 수 없을 것입니다.

아이들은 경쟁하고 살아남기 위해서 이 세상에 온 것이 아닙니다. 따라서 아이들에게 필요한 것은 문화센터나 학원, 혹은 좋은 학군이 아닙니다. 우리 부모들은 정말 아이들에게 필요한 것들을 되돌려주어야 합니다.

자연은 아이들에게 위대한 스승입니다

그렇다면 아이들에게 정말 필요한 것은 무엇일까요? 그것들은 부모들이 힘들게 찾아 헤매거나, 비싼 돈을 주고 살 필요가 없습니다. 아이들에게 필요한 것들은 이미 누구에게나 값없이 주어져 있습니다. 하나님께서는 아이들에게 필요한 것들을 다 만들어 놓으셨고, 그것들을 값없이 주셨습니다. 바로 자연입니다. 살아있는 것들입니다.

성경을 펴고 창세기 1장과 2장을 한 번 읽어 보십시오. 하나님께서 말씀으로 세상을 창조하셨습니다. 그런데 하나님께서 만드신 것들을 보니 하나님께서 보시기에도 "심히 좋았더라"고 할 만큼 아름다웠습니다(창 1:31). 그리고 그것들을 만드신 것은 바로 첫 사람인 아담에게 주시기 위함이었습니다.

아름다운 에덴동산에서 마음껏 뛰노는 아담을 상상해 보십시오. 창조주 되신 하나님 아버지가 자녀인 아담에게 주신 선물은 바로 자연이었습니다. 하나님께서 아담을 청년의 모습으로 만드셨는지, 아이의 모습으로 만드셨는지 알 수 없습니다. 그러나 아담의 정신은 어린아이와 같은 상태였을 것입니다.

아담은 에덴동산에서 하나님께서 준비해 주신 음식을 먹고, 하나님이 만들어 주신 것들 즉, 각종 동물들, 나무와 풀들, 그 속에 깃들어 있는 수많은 살아 있는 것들을 만났습니다. 아담은 경이로운 눈으로 그것들을 살펴보고 하나하나 이름을 지어 주었습니다.

아침부터 저녁까지 에덴동산을 거닐고 뛰어다니며, 아름다운 생명들을 만났을 것입니다. 다음 날 아침에도 처음 보는 새로운 친구들을 만날 수 있었을 것입니다. 이것이 바로 하나님께서 처음 디자인하신 세상의 모습이었습니다.

요즘 아이들을 위해 만든 교구나 장난감을 보면 정말 잘 만들었다는 생각이 듭니다. 그리고 값도 그만큼 비쌉니다. 그러나 가장 비싸고 훌륭한 교구라 할지라도 그것은 사람이 만든 것에 지나지 않습니다. 하나님께서 만드신 것과 사람이 만든 것은 비교가 되지 않습니다.

아이들은 몸의 감각을 통해서 정보를 얻습니다. 아이들은 이미 색과 형태, 촉감, 냄새, 맛을 구별해 낼 수 있는 능력을 가지고 태어났습니다. 이러한 감각하는 능력은 바로 두뇌의 능력입니다. 그런데 이 두뇌의 능력은 고정된 체로 태어나는 것이 아닙니다. 두뇌는 다양한 감각적 자극을 경험할수록 더욱 발달하게 됩니다. 그러나 자극이 없으면 그 능력을 상실하게 됩니다.

사람들이 만들어 낸 장난감이나 교구들도 결국 아이들의 감각을 자극하기 위해 고안된 발명품들입니다. 그러나 하나님께서 만드신 자연 속에는 무한한 색과 형태, 촉감, 냄새, 맛이 있습니다. 따라서 아이의 두뇌의 능력을 최대한 발달시킬 수 있는 것은 바로 자연입니다.

아이의 몸을 만드신 하나님께서 아이의 몸에 가장 필요한 것도 함께 주신 것입니다. 당연한 이야기지만 정말 놀랍지 않습니까?

자녀교육에 신경 쓴다는 부모들을 보면 좋은 교구, 비싼 장난감을 찾으려고, 밤새 인터넷을 뒤집니다. 저희 부부도 그런 경험이 있었습니다. 조금만 더 일찍 이 사실을 깨달았더라면 승원이와 함께 좀 더 많은 시간을 산이나 바다에서 보냈을 텐데 하는 아쉬움이 남습니다. 하지만 지금이라도 이렇게 자연이 가까운 곳에서 살게 된 것이 얼마나 감사한지 모릅니다.

하나님이 사람에게 자연을 맡기신 목적

자연의 기능에 대해 이해하는 것이 아이들에게 자연이 왜 필요한 지에 대한 매우 중요한 근거를 제공하기에 조금 더 언급하고 싶습니다. 하나님께서 만드신 모든 것은 생긴 모습이나 특성이 모두 제각각입니다. 그럼에도 불구하고 자연 속에 존재하는 모든 것은 독립적으로 살아가지 않습니다. 살아있는 모든 것은 함께 공존하고 있습니다.

산에는 수많은 나무와 동물들, 수많은 생명체들이 있습니다. 나무가 뿌리를 박고 있는 땅 속에는 수많은 벌레들과 미생물들이 있습니다. 벌레들은 땅 속의 유기물들을 먹고 배설하며, 미생물들은 그 배설물을 다시 분해하고, 나무가 빨아들일 수 있는 형태의 양분을 만들어 냅니다. 나무의 뿌리는 그 양분을 빨아들이고 성장하며, 낙엽을 떨어뜨려 땅에 다시 양분을 공급합니다.

자연에서는 어느 것 하나 무익한 것이 없습니다. 모든 생명체가 함께 존재하며, 서로를 필요로 하고 있는 것입니다. 그런데 사실 자연은 사람을 필요로 하지 않습니다. 사람이 없어도 제 기능을 유지할 수 있습니다.

그렇다면 하나님은 왜 사람에게 자연을 돌보라는 사명을 주신 것일까요? 이것은 하나님께서 자신이 지으신 우주 안에서 사람에게 특별한 위치를 부여하기 위한 것이었습니다.

사람은 자연을 돌보는 일을 통해 자신이 하나님의 피조물인 것을 발견합니다. 또한 동시에 하나님이 지으신 세상을 통치하는 대리자로서의 정체성을 발견하게 됩니다. 즉, 자연은 사람으로 하여금 하나님 앞에서 자신의 위치와 역할을 발견하도록 하는 기능이 있는 것입니다.

아이들에게 자연의 생명을 되돌려 주어야 합니다

세상은 아이들에게서 하나님이 주신 놀이터와 장난감을 가져가 버렸습니다. 아이들은 자신들이 무엇을 빼앗겼는지도 모른 체 몸과 마음이 병들어 가고 있습니다.

아이들의 마음이 병들어 가고 있는 이유는 무엇일까요? 도시에서 살고 있는 대부분의 아이들은 자연에서 가져 온 것들로 풍족한 삶을 살고 있습니다. 그러나 자연 속에 있는 생명을 만나지 못합니다.

매일같이 소고기, 돼지고기, 닭고기, 달걀, 우유를 맛있게 먹고 있지만, 살아있는 소나 돼지, 닭을 만나지 못합니다. 나무로 만든 책상과 의자에 앉아서 나무로 만든 책을 읽고 있지만 운동장과 거리에 있는 나무들에게 한 번도 말을 걸어 본적이 없습니다.

도시아이들의 주변에도 얼마든지 살아있는 생명들은 많습니다. 그러나 아이들은 마치 그것들을 생명이 없는 존재로 대합니다. 길을 걷다 만나는 개미는 무심코 밟아 죽입니다. 비오는 날 기어 나온 지렁이를 보면 징그럽다 도망갑니다. 보도블록 사이로 솟아 나온 제비꽃과 민들레는 그들에게 아무 의미 없는 존재일 뿐입니다.

아이들은 하루의 대부분을 콘크리트 건물 안에 갇혀 살고 있습니다. 아이들의 마음도 콘크리트처럼 단단하게 굳어가고 있는 것입니다. 아이들이 살고 있는 도시는 서로 함께 살아야 할 생명과 생명의 만남을 단절시킵니다. 이것은 아이들의 마음을 생명에 대한 무관심으로 나타나게 합니다.

아이들과 자연, 아이들과 아이들이 서로 고립되어 살아갑니다. 도시의 아이들은 생명에 대한 경이로움과 아름다움에 눈이 멀었고, 그것들을 만드신 분도 느낄 수 없습니다. 생명의 아름다움을 경험해 보지 못한 아이들은 자기의 생명과 타인의 생명이 얼마나 고귀한 것인지 조차 인식할 수 없게 됩니다.

오늘날 학교폭력, 왕따, 자살과 같은 문제는 아이들로부터 자연을 빼앗은 결과입니다. 그들이 하루 종일 손에 들고 있는 휴대전화는 이렇게 고립된 도시에서 어떻게 해서든 질식당하지 않고 생존하기 위한 아이들의 모습니다. 서로를 향한 소통의 끈을 이어 보려는 안타까운 몸부림일 수 있습니다. 아이들은 학교와 학원을 오가며, 오늘 하루도 겨우겨우 버티며 살아가고 있습니다.

아이들에게 자연의 음식을 되돌려 주어야 합니다

우리 아이들의 몸은 점점 약해지고 온갖 질병에 시달리고 있습니다. 무엇보다 아이들이 먹고 있는 음식들은 자연 상태에서 크게 변형된 것들입니다. 하나님께서는 사람들에게 생명을 유지하고 건강한 삶을 살아갈 수 있도록 좋은 음식을 주셨습니다. 하나님께서 주신 음식은 대부분 가공이 되지 않거나 최소한의 조리를 통해서 만들어진 음식들입니다. 채소류와 곡류, 견과류, 과일 등이 바로 그런 음식들입니다.

그런데 사람들은 하나님이 주신 좋은 음식을 돈을 벌기 위한 수단으로 삼기위해 변형시켜 버렸습니다. 아이들이 좋아하는 과자나 빵, 패스트푸드 등과 같은 음식들은 자연 상태의 음식을 심각하게 왜곡시킨 음식들입니다. 이런 음식들이 아이들의 몸을 병들게 하고 있습니다. 사람들은 돈을 벌기 위해 맛있고, 달고, 부드럽고, 자극적인 음식을 만들어 냈습니다. 결국 우리 아이들이 돈벌이의 희생양이 되고 있는 것입니다.

가공식품과 더불어 아이들의 몸을 망치고 있는 것은 바로 지나친 육류섭취입니다. 사람이 자연의 질서를 존중하는 삶을 살아간다면 고기를 많이 먹을 필요가 없습니다. 지나친 육식문화가 아이들의 건강을 해치고 있습니다. 우리는 아이들에게 건강한 음식을 되돌려 주어야합니다. 그들의 몸은 병들어 가고 있습니다.

아이들에게 자연의 놀이터를 되돌려 주어야 합니다

만약 우리 아이들이 아침부터 저녁까지 푸른 숲과 넓은 들판을 누비고 다니며 뛰어 놀 수 있다면, 우리 아이들에겐 힘이 넘칠 것입니다. 책가방을 집에 던져둔 채 친구들과 함께 냇가에서 돌을 들춰 가재를 잡고, 억새풀이 빽빽이 우거진 언덕을 친구들과 부둥

켜안고 데굴데굴 굴러다닐 수 있다면 우리 아이들에겐 행복이 넘칠 것입니다.

만약 우리 아이들이 놀다 지쳐 들판에 드러누워 빨갛게 물든 저녁노을을 바라볼 수 있다면, 그들의 마음에는 한 폭의 아름다운 수채화가 그려질 것입니다. 저의 지난날이 그랬듯이 말입니다.

우리는 아이들에게 자연을 되돌려 주어야 합니다. 몸과 마음이 병들어 가고 있는 아이들을 살릴 수 있는 길은 그들에게 하나님으로부터 받은 자연을 되돌려 주는 것입니다. 시계추와 같이 학교와 학원, 그리고 집을 오가며 반복되는 삶을 살고 있는 아이의 손을 잡고 자연의 품으로 인도해 줄 사람은 결국 부모입니다.

자연을 만나기 위해 꼭 멀리 나가야 하는 것은 아닙니다. 가까운 산이라도 한 번 올라가 보십시오. 그리고 그 산에 있는 나무들의 모습을 가만히 살펴보면, 그 모습이 모두 다른 것을 알게 됩니다. 아이에게 나무의 이름을 외우게 하는 것보다 더 중요한 것은 아이가 그저 나무들과 함께 있는 것입니다.

아이는 나무의 둥치를 쓰다듬고 기어오르며, 나무와 친구가 될 수 있습니다. 그러면 어느 날 아이는 나무에게 말을 걸게 될 것입니다. "네 이름은 뭐니?" 하고 말입니다. 그러나 당장 이름을 알지 못해도 상관없습니다. 찬찬히 들여다보고, 말을 걸어 주는 것만으로도 나무와 교감할 수 있습니다.

아이를 자연으로 데려가는 것은 그 안에 계신 하나님을 만나게 하는 것입니다. 이것은 단순히 자연의 장소로 데려간다는 것을 의미하지 않습니다. 그 자연을 창조하시고, 자연과 함께 계시는 창조주 하나님을 만나는 것입니다. 아이들을 하나님이 계시는 자연으로 인도해 주어야 합니다.

아이들에게 텃밭을 가꾸게 하세요

요즘 학교에 텃밭이나 숲을 만들어 주는 운동이 일어나고 있습니다. 도시의 아파트 숲에서 자라는 아이들을 위해 환영할만한 일입니다. 학교 운동장 한편을 갈아 엎어 만든 작은 텃밭에는 고추, 가지, 상추, 방울토마토들이 자라고 있습니다.

아이들은 작은 씨앗에서 싹이 트고 자라며, 열매 맺는 과정을 지켜보고 직접 수확하는 기쁨도 경험합니다. 학습의 연장이라는 관점에서 이것은 별로 대단치 않은 생물학 실습 정도로 여겨질 수 있습니다. 그러나 도시의 아이들이 생명을 가꾸고 돌본다는 것은 아이들에게 반드시 필요한 경험이라고 생각합니다.

어떤 부모들은 아이들이 텃밭을 가꾸는 것을 아까운 시간낭비라고 생각할지 모릅니다. 그 시간에 차라리 영어단어 하나라도 더 외우게 하고, 문제집 한 장이라도 더 풀게 하는 것이 낫다고 생각할 수 있습니다. 그러나 세상에서 가장 귀한 가치를 지닌 것은 생명입니다. 그 생명들이 서로 유기체적인 연결을 통해 살아갈 수 있다는 것을 가르치는 것이야말로 교육의 핵심이라고 생각합니다.

아이들이 직접 텃밭을 가꾸어 보면 생명이 귀하다는 것을 스스로 배우게 됩니다. 손에 흙을 묻혀 가며 씨앗을 심고 퇴비를 뿌려줍니다. 잎사귀가 처진 것을 보면 얼른 물을 뿌려주고, 잎사귀가 다시 싱싱해지는 것을 보게 됩니다.

노란 토마토 꽃이 지고 그 자리에 작은 초록색 방울토마토가 영글어 가는 모습을 보게 됩니다. 보랏빛 가지 꽃이 지고 보라색 가지가 영글어 가는 모습도 볼 수 있을 것입니다. 마침내 빨갛게 익은 토마토를 따서 입에 넣고 씹어 보는 순간 그 토마토가 자기 몸의 일부가 되기까지 얼마나 정성스런 하나님의 은혜와 인간의 손길이 필요한 지 깨닫게 될 것입니다.

학교에 숲을 만들어 주세요

아이들이 뛰어 놀고 있는 운동장을 보면 군부대의 연병장과 같습니다. 어린 시절 조회시간에 반별로 열을 맞춰 서기 위해 앞으로 나란히를 수없이 반복했던 기억이 있습니다.

긴장하지 않고 있다가 길게 늘어선 열에서 삐져 나오기라도 하면 전교생이 지켜보는 가운데 주임선생님에게 공개처형을 당하듯이 얻어맞거나 엎드려뻗쳐를 하고 있어야 하는 비극적인 운명에 처하게 됩니다.

조회가 끝나고 교실로 들어갈 때도 군가 비슷한 행진곡에 맞춰 들어가야 했습니다. 요즘은 이런 조회가 방송조회로 대체되고 있기는 하지만 연병장 같은 운동장만큼은 아직도 변하지 않는 풍경입니다.

최근에 '학교 운동장에 숲을 만들자' 는 운동이 시작되고 있는데, 참 반가운 일입니다. 나무와 숲은 생명체들을 불러 모으는 생명의 저장소와 같은 공간입니다. 이 지구상에 존재하는 어떤 생명도 따로 떨어져 독립적으로 존재할 수는 없습니다. 다른 수많은 생명체들이 어우러져야만 그 생명을 유지할 수 있습니다.

하지만 우리 아이들만은 차가운 콘크리트 건물 안에 자기들끼리만 살고 있습니다. 다른 생명들과 분리된 채 살아가는 아이들은 자기의 생명도 남의 생명도 귀하다는 생각을 할 수 없게 되었습니다.

학교 안 어딘가엔 아이들이 다른 생명을 만나고 함께 숨을 나누어 쉴 수 있는 곳이 반드시 있어야 합니다. 그리고 학교 안에 아이들이 숨 쉴 수 있는 숲을 만들어 주는 것은 어른들의 몫입니다.

아이들은 이 숲 속에 앉아서 친구들과 대화할 수 있고, 그저 나무에 잠시 기대어 서 있을 수도 있습니다. 봄이 오면 싹트는 연두빛 새싹들과 그 나뭇잎 사이를 뚫고 들어오는 봄볕을 느낄 수 있습니다. 여름에는 우거진 나뭇가지 아래로 살랑살랑 불어오는 시원한 바람을 맞으며 얼굴에 흐르는 땀을 식힙니다.

가을이면 형형색색 물들어 가는 단풍과 떨어진 낙엽을 밟으며 바스락 거리는 소리를 듣게 됩니다. 겨울에는 앙상한 가지만 남은 겨울가지에도 봄을 기다리며 웅크리고 있는 잎눈이 여물어 가는 것을 보게 될 것입니다.

우리 부모들이 어깨가 축 처진 아이들의 뒷모습을 볼 수 있었으면 좋겠습니다. 그럴 수만 있다면 '공부하라'는 잔소리 대신, 학교 한 구석 어딘가에 고사리 같은 손에 흙이라도 묻혀 볼 수 있는 작은 텃밭을 마련해 줄 수 있을 것입니다.

부모들이 생기 없이 빛을 잃어 가는 아이들의 눈빛을 마주할 수 있었으면 좋겠습니다. 그럴 수만 있다면 '경쟁에서 지면 다 끝이다'라고 다그치는 대신 운동장 한 켠에 아무 생각없이 잠시 앉았다 갈 수 있는 숲을 만들어 줄 수 있을 것입니다.

저는 아이들에게 자연을 돌려 주는 일이 아이들의 마음속에 작은 겨자씨를 심는 것과 같다고 생각합니다. 작은 씨앗이 자라면 아이들은 생명이 가장 귀하고 아름답다는 진리를 열매로 얻게 될 것입니다.

7장 비교하지 않으시는 아빠 하나님

자녀는 비교의 대상이 아닙니다

우리는 누구나 비교하며 살아갑니다. 이것은 어쩌면 인간의 본성일지도 모릅니다. 우리는 누가 더 많이 가졌는지, 누가 더 잘 생겼는지, 누가 더 잘 하는지 비교를 합니다. 그러나 절대 비교해선 안 될 것이 있습니다. 바로 우리 아이들에 대해서입니다.

그런데 안타깝게도 부모들은 자기 아이와 다른 아이를 종종 비교합니다. 더욱 안타까운 일은 그렇게 비교한 결과를 자녀에게 말하거나, 무언의 표현을 통해 자녀의 마음을 아프게 하는 것입니다.

우리는 남과 자신을 비교하는 일에 너무 익숙해져 있습니다. 자기도 알지 못한 채 다른 아이와 나의 아이를 비교하게 됩니다. 그러나 이것만큼 자녀에게 큰 해를 입히는 것은 없습니다.

부모들은 왜 우리 아이가 옆집 아이보다 걸음마를 늦게 시작하는지, 왜 기저귀를 늦게 떼는지, 왜 한글을 늦게 깨우치는지에 대해 민감하게 반응합니다. 이런 부모의 비교의식은 자기 자신을 다른 사람과 비교하며 살아온 것에서 비롯됩니다.

우리는 끊임없이 자신과 남을 비교하며 살아 왔고, 그런 삶의 태도를 자녀들에게까지 물려주려 하고 있습니다.

"옆집 누구는 전교 1등이라는데 너는 성적이 그게 뭐냐?"

"도대체 잘하는 것이 한 가지라도 있어야 할 것 아니니?"

이런 식의 말로 자녀들의 마음에 상처를 주고 있는 것은 아닌지 생각해 봐야 합니다. 우리가 비교하는 삶의 태도로 행복할 수 없었다면, 이제는 자녀들에게도 그것을 넘겨주지 말아야 합니다. 그러기 위해서 먼저 내 자신부터 그 굴레를 벗어던져야 합니다.

하나님이 만드신 것은 같은 것이 하나도 없다

하나님이 만드신 것 가운데 똑같은 것은 하나도 없습니다. 하나님께서 만드신 모든 것 하나하나가 다 유일한 존재입니다. 그렇기 때문에 아무리 하찮아 보이는 것이라도 다른 것으로 대신할 수 없습니다. 하나님이 만드신 모든 것은 하나님과 우리에게 의미 있는 것들입니다. 무엇이 더 가치 있고, 더 가치 없다고 말할 수 없습니다.

하나님께서 만드신 것들이 다 아름답지만 특별히 저의 마음을 사로잡는 것은 꽃입니다. 특히 봄에 산과 들에 형형색색으로 피어난 야생화들을 바라보고 있노라면 하나님을 향한 찬양이 절로 나옵니다.

산과 들에는 이른 봄부터 늦은 봄까지 복수초, 꽃마리, 매화, 봄까치꽃, 말발도리, 조팝, 민들레, 구절초, 이름도 모르는 수많은 꽃들이 피고 지면서 연한 새순들과 어우러지며 세상을 아름답게 수놓습니다. 저마다 모양과 빛깔도 다릅니다. 그래서 세상을 더욱 아름답게 합니다. 모두 다르기 때문에 더욱 아름다운 세상이 되는 것입니다. 그것이 바로 하나님께서 디자인하신 세상의 모습입니다.

들에 핀 이름 모를 꽃들도 하나님께서 하나하나 다르게 만드셨다면 우리 아이들은 얼마나 더 다양한 모습으로 만드셨을까요?

하나님께서 모두 다르게 만드신 아이들을 똑같이 만들려고 해서는 안 됩니다. 봄에 피는 꽃과 여름, 가을에 피는 꽃이 있으며, 생긴 모습과 빛깔이 다르듯, 우리 아이들도 좋아하는 것이 다르고, 자신만의 아름다운 꽃을 피워낼 시기도 다르다는 것을 인정해 주어야 합니다.

하나님께서 아이들에게 주신 것

우리는 왜 하나님께서 사람들에게 능력의 차이를 두셨는지 궁금해 합니다. 만약 동일한 능력을 주셨다면 보다 평등한 세상이 되었을 것이라고 생각합니다. 다시 말해서 불평등한 세상의 구조가 개개인의 능력의 차이에서 비롯되었다고 보는 것입니다. 그러나 그것은 사람들의 착각일 뿐입니다.

사람들이 판단하는 능력의 기준은 하나님의 기준과는 전혀 다릅니다. 세상이 중요하게 여기는 가치는 돈입니다. 그래서 세상은 경제적 이익을 창출해낼 수 있는 사람을 중요하게 여깁니다. 세상은 남이야 어떻게 되든 말든 자신이 가진 모든 능력을 더 많이 소유하는 일에 집중하라고 요구합니다.

세상에 가난하고 도움이 필요한 사람들에게 세상이 요구하는 돈을 버는 능력이 없을 지도 모릅니다. 그러나 과연 돈을 버는 능력이 사람을 행복하게, 세상을 아름답게 만들 수 있을까요?

하나님께서 우리에게 주신 가장 크고 중요한 능력은 바로 서로를 살리는 능력입니다. 하나님은 모든 사람들에게 하나님을 사랑하고 서로를 사랑할 수 있는 능력을 주셨습니다. 하나님은 예수님을 통해서 우리가 얼마나 하나님께 귀한 존재이며, 하나님께서 우리를 얼마나 사랑하시는지 깨닫게 하심으로 그러한 능력을 주셨습니다.

공평하신 하나님은 세상 모든 아이들에게 생명을 사랑하고 살릴 수 있는 능력을 선물로 주셨습니다. 겉으로 드러나는 모습이 다를지라도, 아이들 안에 잠재된 모든 능력은 생명을 사랑하고 살리기 위해 주어진 것입니다.

생명을 살리는 일에 등수는 아무런 의미가 없습니다. 사람들이 하나님께서 자신들에게 주신 능력을 생명을 사랑하고 살리는 일에 쓴다면 가난한 사람도 고통받는 사람도 사라지게 될 것입니다.

부모들은 자녀들이 공부 잘 하기를 바라고 있습니다. 그러나 오늘날 공부를 잘 한다는 것은 어떤 의미일까요? 그것은 공부를 통해 보다 인격적인 사람으로 성장해 가는 것을 의미하지 않습니다. 공부를 통해 얻은 지식들을 나누고, 세상의 어두운 곳을 좀 더 밝게 만들어 가는 것을 의미하지 않습니다.

오늘날 공부를 잘 한다는 의미는 남 보다 성공하며, 남보다 더 많이 갖기 위한 능력을 쌓는 것이라고 생각합니다. 과거의 부모들은 자녀가 의사나 판사와 같은 사회적 명예가 따르는 직업을 갖기 원했습니다. 그러나 지금은 어떤 직업이 되었든 돈만 많이 벌면 된다는 생각을 가진 부모들이 많아지고 있습니다. 그러나 과연 아이들이 하나님께로부터 받은 능력을 꽃피우는 목적이 단지 돈을 얻기 위해서 일까요?

'울지마 톤즈'라는 다큐멘터리의 주인공인 고(故) 이태석 신부는 그의 삶을 통해 우리에게 큰 감동을 주었습니다. 그는 안정적인 삶이 보장된 의사였지만, 아프리카 수단에서 병자들을 위해 자신의 삶을 헌신하다 37세의 젊은 나이에 하나님의 곁으로 부름을 받았습니다.

그는 삶의 의미를 깨닫고, 자신의 능력을 자신이 아니면 죽을 수 밖에 없는 누군가를 살리는 일에 썼습니다. 우리 주변에는 이와 같은 삶을 살아가는 사람들이 종종 있습니다. 이런 삶을 사는 사람들에게는 다른 사람과 자신을 비교하는 것이 얼마나 무의미한 일이겠습니까?

나의 자녀가 다른 아이보다 공부를 못한다고 걱정하지 마세요. 나의 자녀가 남보다 나은 구석이 한 군데도 없어 보인다고 불안해 하지도 마세요. 내 아이를 지으신 분이 하나님이신 것을 기억하세요. 하나님은 내 아이를 통해 생명을 살리실 것입니다. 내 아이를 통해 이 세상을 아름다운 천국으로 만들어 가실 것입니다.

하나님께는 내 아이가 다른 사람들보다 얼마나 많은 것을 소유하게 될 것인지는 전혀 중요하지 않습니다. 하나님은 내 아이가 다른 사람들보다 얼마나 높은 사회적 지위를 얻게 될 것인지 전혀 관심이 없습니다. 하나님은 내 아이가 생명을 사랑하며, 소중히 여기는 사람이 되는 것에 마음을 집중하고 계십니다.

비교하지 않으시는 아빠 하나님

거의 모든 사람이 남과 자기 자신을 비교합니다. 자신이 어떤 학교를 나왔는지, 자신의 연봉이 얼마인지, 자신의 사회적 지위가 어느 정도인지, 자신의 자녀가 남의 자녀보다 공부를 잘 하는지 끊임없이 비교하며 살아가고 있습니다.

살아가기에 부족한 것이 전혀 없어도 자기보다 많이 가진 사람을 부러워합니다. 사람들은 왜 이렇게 서로를 비교하며 만족할 수 없는 것일까요? 그것은 바로 그들의 내면에 그 무엇으로도 채워지지 않는 빈자리가 남아 있기 때문일 것입니다.

문제는 사람들이 자기의 노력이나 능력으로, 그것으로 안된다면 운으로라도 그 빈자리를 채우는 것이 가능하다고 믿는 것입니다. 아무리 능력이 많고, 아무리 노력해도, 그리고 아무리 행운이 따른다고 해도 그 빈자리를 채울 수 없다는 사실을 깨닫는 것이 필요합니다. 모든 사람 안에 있는 빈자리를 채울 수 있는 것은 하나님의 사랑, 곧 예수님 한 분 뿐입니다.

하나님의 사랑을 아는 사람은 부족함을 느끼지 않습니다. 부러운 사람도 없습니다. 하나님의 사랑은 모든 결핍을 다 채우고도 남습니다. 예수님과 함께 있는 사람이 가장 부자입니다.

사람들이 이 세상에 있는 것들을 추구하며 세상의 것들을 많이 누리는 사람들을 부러워하는 것은 이 세상에 있는 모든 것이 유한한 것임을 인식하지 못하기 때문입니다.

예를 한 번 들어 보겠습니다. 저는 어릴 적 친구들과 딱지를 가지고 놀았습니다. 동그란 마분지에 로봇이나 슈퍼히어로가 인쇄되어 있는 딱지였습니다. 부모님께 용돈을 받으면 무조건 문방구에 가서 멋진 딱지를 골라서 샀습니다. 친구들과 딱지놀이를 하다가 딱지를 많이 딴 날은 행복했고, 딱지를 잃은 날은 불행했습니다.

그때는 딱지가 제 인생의 모든 것이었습니다. 저보다 딱지가 적은 친구에게는 자랑했고, 저보다 딱지가 많은 친구를 보면 부러웠습니다. 그러나 나이 사십이 된 저에게 이제 그 종이딱지는 아무것도 아닙니다.

한때는 제 인생에 가장 소중했던 종이딱지가 이제는 아무 가치 없는 것이 되어버린 이유는 무엇일까요? 종이딱지보다 더 소중한 가치가 있음을 알게 되었기 때문입니다. 사람들이 돈이나 명예, 권력 같은 것을 자기 인생의 전부인 양 생각하는 것은 그 보다 소중한 가치를 아직 만나지 못했기 때문입니다.

사람들이 추구하는 모든 것은 영원할 수 없습니다. 아무리 많은 것을 소유하고 있다고 해도 그것을 소유한 사람의 생명이 다하는 순간 아무 의미없는 것이 되어 버립니다. 그렇다면 사람들이 잠시 있다가 사라져 버릴 것을 아무리 많이 가지고 있다한들 그것이 어린 시절 애지중지했던 종이딱지와 무엇이 다르겠습니까?

어른이 세상에서 가장 많은 종이딱지를 가지고 있는 아이를 부러워하지 않듯이 하나님의 사랑을 경험한 사람은 이 세상의 모든 것을 다 누리는 사람이라도 부러울 것이 전혀 없습니다.

하나님의 사랑을 경험하는 부모

부모들에게 필요한 것은 '자녀를 다른 아이들과 비교하지 말라'는 백 번의 설교를 듣는 것보다 단 한 번의 하나님의 사랑을 경험하는 것입니다. 하나님의 사랑을 경험한 부모라면 자신의 자녀를 다른 아이들과 비교하지 않을 것입니다. 자녀가 좋은 대학교에 진학하고, 남들이 부러워하는 일자리를 얻고, 많은 사람들에게 인정받을 만한 출세를 하는 것을 전혀 중요한 일로 여기지 않습니다. 그들에게 중요한 것은 자녀들이 아버지 되신 하나님의 사랑을 경험하고, 그분을 닮아 가는 것입니다.

오늘날 자녀의 대학진학과 출세를 위해서 기도하는 부모는 많아도 자녀들이 세상에서 구별된 거룩한 자녀가 되게 해달라고 기도하는 부모가 과연 몇이나 될까요?

온 우주와 그 안의 모든 것이 우리의 아빠가 되시는 하나님의 소유이기에 우리가 얼마나 많은 물질을 가지고 있는가 하는 것은 그분께 아무 의미가 없습니다. 모든 것을 다 알고 계시고, 능력이 무한하신 아버지 하나님께는 우리의 지식의 많고 적음이나 능력의 크고 작음이 다 무의미한 것입니다.

그러나 단 한 가지 하나님께서 자녀인 우리에게 기대하시는 것이 있습니다. 그것은 하나님께서 죄로 죽을 수 밖에 없는 우리를 살리시려고 그 아들 예수님을 이 땅에 보내셔서 죽게 하실만큼 우리를 사랑하셨다는 사실을 깨닫는 것입니다. 그리고 말로는 다 표현할 수 없는 그 사랑을 통해서 우리의 아빠가 되어 주신 하나님을 영원히 사랑하는 것입니다.

부모 된 우리 자신에게 스스로 던져야할 질문이 여기에 있습니다. '당신은 당신의 아빠가 되어 주시기 위해 가장 귀한 것을 포기하신 하나님의 사랑을 알고 있는 부모입니까?'

Our daddy, our God raising my children

Part 3

행복한 자녀로 키우시는
우리 아빠 우리 하나님

8장 아이가 하고 싶은 대로 하게 두라

제발, 우리 아이를 속박하지 마세요

많은 부모들은 아이를 잘 키우기 위해 많은 것을 가르쳐야 한다고 생각합니다. 하지만 아이들은 가르쳐 주지 않아도 자기 스스로 배울 수 있는 능력이 있습니다. 오히려 많은 것을 가르치려는 부모의 욕심이 아이의 지적 호기심을 방해하게 됩니다.

이렇게 자란 아이는 모든 일에 흥미를 잃어버리고, 배우려는 의지도 약해 질 수 있습니다. 하나님은 모든 아이들에게 알고자 하는 의지와 배움에 대한 열정을 주셨습니다. 이미 하나님께서 우리 아이 안에 심어 놓으신 열정을 꺼뜨리지 않게 하는 것이 바로 부모의 역할입니다.

이런 부모의 역할은 크게 두 가지로 설명할 수 있습니다. 첫째, 아이가 관심을 갖고 하는 모든 활동을 방해하지 않는 것입니다. 둘째, 아이의 관심과 흥미를 끌지 못하는 어떤 일도 강요하지 않는 것입니다.

주방은 아기들의 놀이터입니다

저희 어린이집은 아파트 안에 시설을 갖춘 가정어린이집인데, 거실과 주방을 분리하는 낮은 울타리 같은 문이 있습니다. 아이들의 안전이나 여러 아이들을 함께 돌보는 보육시설의 현실 때문에 필요한 시설입니다.

가끔 어머니들이 그 문을 보시고, 어디서 주문제작할 수 있는지 물어보곤 합니다. '아기가 주방에 들어가 온갖 살림살이를 다 끄집어내서 귀찮다' 는 것입니다. '주방에서 가장 멀리 있는 방에 데려다 놓아도 아이는 어느새 금방 주방에 들어가 잔치를 벌이고, 주방 씽크대 문에 잠금장치 해놓아도 계속 흔들어 대서 다 부서 버리고 만다' 는 것입니다.

이럴 때면 저는 어머니들에게 이렇게 조언합니다.

"어머님, 특별히 위험한 때를 제외하고는 아이들이 주방에 들어가지 못하도록 막지 마세요. 그리고 주방에 들어가서 논다고 혼내지 마세요."

아기가 주방을 그렇게 드나들고 씽크대 문을 열어 대는 것은 그곳에 무엇이 있나 너무도 궁금하기 때문입니다. 이것이 바로 하나님께서 우리 아이에게 심어 놓으신 지적 호기심의 문입니다.

아기들의 호기심이야말로 하나님께서 주신 최고의 선물입니다. 그런데 불행히도 이 귀한 선물을 빼앗는 존재가 다름 아닌 부모일 때가 많습니다. 주방에 깨질만한 것들이 있다면 아이가 들어가지 못하게 할 것이 아니라 깨질만한 물건들을 치워 놓아야 합니다. 뜨거운 음식을 다룰 때 잠시 막아두더라도 부엌의 문을 항상 잠가 두어서는 안 됩니다.

아이들의 눈에 비춰진 주방은 온통 신기한 보물이 가득한 세상입니다. 프라이팬, 냄비, 국자, 등 다양한 조리기구들이 아기들 눈에 얼마나 신기하겠습니까? 두드리면 재미있는 소리도 납니다. 자기가 두드리는 물건이 달라지면 소리가 달라지고, 두드리는 강도에 따라 소리도 달라집니다. 물건을 집어 던져서 그 소리를 듣는 것도 아기에게는 큰 즐거움이 됩니다.

때가 되어 아기가 좀 더 자라게 되면 이러한 기구들이 엄마의 사랑이 듬뿍 담긴 맛있는 요리를 만드는 데 필요한 것들임을 자연히 알게 될 것입니다. 그때가 되면 '엄마와 함께 요리를' 이라는 과목을 시작해야겠지요.

아이들의 행동은 상상력에서부터 시작됩니다

저희 어린이집에는 교구장들이 있습니다. 아이들의 놀잇감을 올려놓는 곳입니다. 그런데 아이들은 교구장에 있는 놀잇감들을 바닥에 집어 던지고, 그 위에 올라가 앉아 있거나, 그 속에 들어가 누워있는 것을 좋아합니다. 처음에는 아이들에게 교구장은 놀잇감을 두는 곳이지 올라가는 곳이 아니라고 설명해 주고 내려오도록 했습니다.

하지만 제가 잠시 한 눈을 팔면 어느새 아이들은 교구장 위에 올라가 앉아 있었습니다. 그때마다 아이들을 다시 내려오도록 했습니다. 이런 씨름을 몇 번 반복하다가 문득 들게 된 생각이 있었습니다.

'내 눈에는 이것이 교구장으로 밖에 보이지 않지만 아이들의 눈에는 교구장일 수도 있고, 전망 좋은 의자일 수도 있고, 누워 있으면 기분이 좋아지는 삼층 침대일 수도 있겠구나.'

저는 아이들의 잘못을 바로 잡아 주어야 한다고 생각했지만, 사실은 제가 가진 고정관념을 아이들에게 강요하고 있었던 것입니다. 그때부터 저희 어린이집에 있는 교구장들은 더 이상 교구장만이 아니라, 의자도 되고 삼층 침대가 될 수도 있었습니다.

아이들의 사고는 매우 유연합니다. 반대로 어른들의 사고는 매우 경직되어 있습니다. 아이들의 생각이 '틀렸다'고 지적하고,

'바보 같다' 고 무안을 주고, '어른처럼 생각해야 한다' 고 강요하는 것은 아이들의 아름답고 풍성한 상상의 세계에 잿빛 페인트를 칠하는 것과 같습니다.

어른들이 할 일은 아이들의 아름다운 상상의 세계 속으로 들어가 마음껏 함께 감탄해 주고, 어떻게 그것을 현실에 적용할 수 있는지 함께 고민해 주는 것입니다.

세상으로 나아가기 위한 아이들의 준비

어린이집에는 여러 명의 아이들이 함께 생활합니다. 그래서 저는 보통사람들 보다 좀 더 많은 아이들을 만나게 됩니다. 여러 아이들을 만나면서 느끼는 것은 '아! 하나님께서 어쩜 이렇게 아이들을 모두 다르게 만드셨을까?' 하는 것입니다. 그 풍성한 하나님의 상상력을 사모하게 됩니다.

똑같은 아이는 이 세상에 단 한 명도 존재하지 않습니다. 설령 쌍둥이라 할지라도 똑같지 않습니다. 그런데 이 세상의 모든 아이들에게 하나님께서 동일하게 주신 것이 있습니다. 그것은 바로 삶에 대한 의지입니다. 심지어 장애를 안고 태어난 아이일지라도 하나님께서 잊지 않으시고, 선물해 주시는 것이 있다면 바로 삶에 대한 의지일 것입니다.

저는 아이들의 모습을 관찰하며, 이 진리를 깨닫게 되었습니다.

제가 만난 모든 아이들은 끊임없이 움직입니다. 정도 차이는 있을지라도 아이들은 자는 시간을 제외하고는 쉬지 않고 움직입니다. 기질 상 움직임의 반경이 큰 활동적인 아이도 있고, 그 반경이 작은 조용한 아이도 있지만 가만히 있는 아이는 하나도 없습니다. 심지어 갓난아이 조차 가만히 있는 것처럼 보이지만 잠시도 가만히 있지 않습니다.

이러한 아이들의 끊임없는 움직임이야말로 하나님께서 주신 '삶에 대한 의지'를 반증해 주는 것입니다. 그렇기 때문에 아이들에게 마음껏 움직일 수 있는 환경이나 분위기를 만들어 주는 것은 매우 중요합니다. 그들이 가지고 있는 삶에 대한 의지를 더욱 강인하게 만들어 줄 수 있기 때문입니다.

아이들의 움직임을 제한하는 한국 교육

이런 의미에서 생각해 볼 때, 오늘날 한국 아이들의 모습을 보면 정말 안타깝습니다. 우리 아이들 대다수가 자기가 무엇을 좋아하는지, 무엇을 하고 싶은지 모르겠다고 말합니다.

왜 이렇게 되었을까요? 저는 이러한 문제의 중요한 원인 중의 하나가 바로 아이들의 움직임을 제한한 것 때문이라고 확신합니다. 학교에 다니는 청소년들은 자는 시간을 제외한 거의 대부분의 시간을 앉아서 생활합니다.

아침부터 오후 5시까지의 시간 중 대부분을 앉아서 수업을 들어야 합니다. 정규수업시간이 끝나면 학교에 남아 야간자율학습을 하거나 학원에 가야 합니다. 누워 자거나 아니면 책상 앞에 앉아서 살아야 합니다. 이것은 아이들에게 내재된 삶에 대한 의지를 꺾는 살인행위나 마찬가지입니다.

이런 사회구조는 아이들의 영혼을 죽이고, 껍데기만 남겨 놓게 됩니다. 그런데 더욱 심각한 문제는 이렇게 움직임을 제한하는 병리적 현상이 중, 고등학교뿐 아니라 초등학교, 유치원, 어린이집까지 내려오고 있다는 사실입니다.

아이들이 어린이집에서 생활하다보면 종종 다칠 때가 있습니다. 아이들이 쉬지 않고 움직이기 때문입니다. 조금만 공간이 확보되면 아이들은 뛰어 다닙니다. 올라갈 수 있는 물체가 있다면 여지없이 기어 올라갑니다. 그러다보면 서로 부딪히거나 넘어져서 멍들기도 하고, 입술이 터지는 사고가 나기도 합니다. 그런데 아이를 데리러 온 부모의 반응은 같지 않습니다.

어떤 부모는 비교적 여유로운 마음으로 이렇게 말합니다.

"아이들이 여럿이 함께 놀다 보면 다칠 수도 있지요."

그런데 어떤 부모는 '도대체 선생님들은 뭐하고 있기에 아이가 다치도록 방관만 하고 있었냐?'는 듯, 불쾌한 표정을 감추지 않습니다. 부모의 이런 표정을 몇 번 대하게 되면 어린이집 교사들은 큰 심리적 부담감을 느끼지 않을 수 없습니다.

결국 어린이집 교사들은 아이들이 멍들거나 다칠 가능성이 있는 모든 행동들을 제한하기 시작합니다. 그래서 '아이들은 뛰어서도 안 되고, 기어 올라가서도 안 된다' 는 웃지 못할 어린이집 규칙에 생겨나게 되는 것입니다.

마음껏 뛰고 기어 올라가는 것이야말로 아이들의 본성입니다. 이러한 본성을 억누르는 것이 어린이집 규칙이 되는 것이 안타까운 현실입니다. 저는 이것이 옳지 않다고 생각했습니다. 그래서 엄마들을 불러서 다음과 같이 말했습니다.

"우리 어린이집에서는 아이들이 마음껏 뛸 수 있고, 기어 올라갈 수 있게 하겠습니다. 그런데 그렇게 하다 보면 아이들이 멍들 수도 있고, 다칠 수도 있습니다. 아이가 다쳐서 속상한 부모 마음은 이해할 수 있지만, 아이의 활동적인 모든 행동을 제한하는 것은 옳지 않습니다" 라고 설명해 드렸습니다. 다행히 엄마들은 수긍해 주었습니다.

활동을 통해 형성되는 삶의 활력

아이들은 뛰거나 기어오르는 행동을 통해 세상에 살아갈 능력과 자신감을 형성하게 됩니다. 팔, 다리가 없이 태어난 '행복 전도사' 닉 부이치치(Nick Vujicic)는 어린 시절부터 친구들과 함께 축구와

수영을 즐겼습니다. 남들이 볼 때는 '사지가 없이 무엇을 할 수 있겠는가?' 라는 생각을 했을 것입니다. 그러나 그는 현재, 세계를 누비며 영혼들을 향한 하나님의 사랑과 희망을 전파하고 있습니다.

사지가 없어 움직이지 못한 그가 누구보다 강한 삶에 대한 의지를 가질 수 있었던 것은 하나님의 은혜입니다. 사지가 없는 장애에도 불구하고 움직이기를 포기하지 않았던 닉 부이치치의 삶은 몸을 움직이는 것이 얼마나 중요한 하나님의 은혜인지 깨닫게 해 줍니다.

아이들은 뛰거나 기어오르는 행동 자체에서 큰 행복을 경험합니다. 땅을 박차고 뛰면서 자신의 부풀어 오르는 다리 근육과 펄떡이는 심장의 고동소리를 느낄 때, 아이들은 자기를 창조하신 그분과 교감하게 됩니다.

아이를 사랑하십니까? 아이가 마음껏 뛸 수 있게 해 주십시오. 우리 아이들은 세상을 향해 마음껏 뛰어야합니다.

아이의 자율성을 방해하는 강요

아이들은 정리하는 것을 별로 좋아하지 않습니다. 온통 바닥에 놀잇감을 어질러 놓고, 발 디딜 틈도 없이 벌려 놓습니다. 스스로 놀잇감을 치우는 아이는 없습니다. 이것은 아이의 발달과정상 매우 정상적인 모습입니다.

　어른들은 물건들이 마구 널려 있는 환경을 보면 피로감을 느낍니다. 그래서 자신이 편안히 휴식하기 위해 정리를 하는 것입니다. 그러나 아이들의 두뇌는 어른들과 비교하면 엄청나게 활동적입니다. 아무리 물건들이 널려 있어도 그것이 아이들의 머리를 전혀 피곤하게 하지 않습니다. 그러니 정리하려는 의지를 갖지 않는 것이 당연합니다.

　어른들은 흔히 어릴 때부터 정리를 가르쳐야 커서도 정리하는 습관을 들일 수 있다고 생각합니다. 그러나 '그 어릴 때가 언제인가?' 라는 것은 매우 중요한 문제입니다.

　특히 우리 나이로 두, 세 살 정도의 아이들은 정리된 상태와 어지럽혀진 상태를 잘 구분하지 못합니다. 두, 세 살 경의 아이들을 잘 정리된 방으로 데려가서 관찰해 보면 알 수 있습니다. 아이들은 5분도 채 안되어 잘 정리된 방을 난장판으로 만들어 놓을 것입니다. 그리고 아무리 기다려도 방은 정리된 상태로 돌아갈 수 없습니다. 왜냐하면 그 연령의 아이들에게 정리할 수 있는 능력이 없기 때문입니다.

　물론 정해진 자리에 물건을 가져다 두라고 시키면 그대로 따를 수 있습니다. 하지만 그것은 아이 스스로 정리된 상태가 더 좋다고 생각하기 때문이 아니라, 보상이나 채찍에 따르는 동물적 반복학습의 결과에 지나지 않습니다. 이 연령의 아이들은 자기 스스로 정리할 수 있는 능력이 없기 때문에 자꾸 반복해서 정리를 시킨다면 오히려 아이의 자율성을 침해하는 것이 됩니다.

아이가 외부적인 힘이나 지시에 의해 반복적으로 움직인다면 아이는 그만큼 자기 스스로 움직일 수 있는 내적 힘을 키울 수 없게 됩니다. 이것은 아이의 인생에 상당히 부정적 영향력을 미칠 수 있게 됩니다.

이 연령의 아이들은 아직 말을 잘 하지 못하지만, 그들의 내면에는 항상 '저게 뭐지?', '왜 그렇지?', '만져보고 싶다', '입에 넣어 봐야지', '던지고 싶다' 등의 동기가 있습니다. 아이가 만일 어른으로부터 어떤 행동을 제지당하거나, 하고 싶지 않은 일을 하도록 강요받게 되면 그 만큼 자기 내면의 동기는 줄어들게 되는 것입니다.

그렇기 때문에 이 시기의 아이들에게 "안 돼!" 라고 말하는 것을 자제하는 것이 좋습니다. 부모가 2살 된 아이를 따라 다니면서 끊임없이 '안 돼', '던지지마', '입에 넣지마', '올라가지마', '뛰지마', '제자리에' 를 반복한다고 가정해 봅시다. 이 아이가 어떻게 자라게 될까요?

이 아이의 내면에는 아마도 생리적인 욕구 이외에 '무엇을 해보고 싶다', '알고 싶다' 라는 삶을 이끌어가는 중요한 동기가 사라져 버릴 것입니다.

코끼리 길들이기

아이가 어릴 때부터 부모가 시키는 대로 움직이도록 만드는 것은 얼마든지 가능합니다. 사람들이 코끼리를 길들이는 방법이 있습니다. 아기 코끼리의 발목을 어릴 때부터 밧줄로 묶어 놓는 것입니다. 아기 코끼리가 자라서 어른 코끼리가 되어도 밧줄을 끊을 수 없게 됩니다. 밧줄을 끊을만한 힘 있는 어른 코끼리가 되어도 정신을 무능력하게 만들면 힘센 코끼리도 부릴 수 있는 것입니다.

그러나 이런 식으로 아이를 길들여선 안 됩니다. 부모가 자기 마음대로 자녀를 부리기 위해 자녀를 키우는 것은 아니기 때문입니다. 아이가 내면의 욕구에 따라 오감을 자유롭게 사용하여 세상을 마음껏 탐색할 수 있는 기회를 주어야 합니다.

요즘 부모들이 자녀들을 보고 답답해하며 이와 같은 말을 종종 합니다.

"우리 애는 좋아하는 게 없어요."

"하고 싶어 하는 게 없어요."

"이것저것 다 시켜 봤는데 특별히 좋아하는 것이 없어요."

하지만 처음부터 하고 싶은 게 없이 태어나는 아이는 아무도 없습니다. 아무 것도 좋아하는 것이 없는 아이도 없습니다. 다만 부모들이 아이가 하고 싶었던 것을 지나치게 막거나, 하고 싶지 않았던 것을 지나치게 강요해서 아이의 자율성에 상처를 입힌 것입니다.

이렇게 한 번 손상된 자율성을 회복하기란 매우 어려운 일입니다. 때문에 부모는 아이 안에 있는 자율성에 상처를 입히지 않도록 세심한 주의를 기울여야 합니다.

좋은 습관은 즐거움에서 시작됩니다

물론 정리하는 습관이 나쁘다는 것은 아닙니다. 아이가 자신의 물건, 자기 방이나 공공장소 등을 잘 정리하는 것은 자신이나 타인을 위해서 꼭 필요한 일입니다. 그런데 좋은 습관이라는 것은 하루 아침에 이루어질 수 있는 것이 아닙니다.

같은 행동이 수 없이 반복되어야 비로소 습관이 될 수 있습니다. 아이가 어떤 행동을 반복하고 지속할 수 있는 내적인 힘은 바로 즐거움입니다. 따라서 아이에게 좋은 습관을 들이기 위해서는 그 행동을 통해 즐거움을 느끼도록 하는 것입니다.

아이가 어느 정도 말을 배우고 이해력이 높아지는 시기가 되면 정리된 상태와 어질러진 상태를 구분하게 됩니다. 제 경험으로는 대략 여아의 경우 4세, 남아의 경우 5세경입니다. 이 시기의 아이들은 선생님이나 부모와 함께 어질러진 방을 정리 한 후, '정리다 했다', '정리하니까 기분 좋다', '엄마 나 정리 잘했지요?' 라는 말을 합니다.

또한 물건을 어디에 가져다 두어야 하는지, 어떻게 정리하는 것이 더 보기 좋은지에 대해 생각할 수 있습니다. 이것은 정리된 상태와 어질러진 상태를 구분할 수 있게 되었기 때문에 가능한 것입니다. 그러나 이 시기라도 정리하는 것을 강요하기 보다는 정리를 엄마나 선생님과 함께하는 즐거운 놀이의 하나로 인식할 수 있도록 하는 것이 좋습니다.

중요한 것은 깨끗하게 정리된 환경이 아니라, 내 아이의 마음입니다. 아이 스스로 '내가 내 마음에 드는 질서를 만들어 냈다!'는 성취감을 맛보게 하는 것이 중요합니다. 아무리 아이라도 억지로 한 일을 좋아하게 되는 경우는 없습니다.

진정한 자율성은 배려에서 시작됩니다

어떤 부모들은 아이의 자율성을 보장해 주다 보면 아이가 제멋대로 행동하지 않을까 걱정합니다. 그래서 자율성을 보장해 주려고 자유를 주었다가 '안되겠다' 싶어 아이에게 주었던 자유를 다시 제약하기를 반복합니다. 그러다보면 아이는 커서도 스스로 책임있는 행동을 하기 어려워집니다.

요즘 아이들은 공공장소를 어지럽히고, 쓰레기를 함부로 버리는 것에 대해 아무렇지도 않게 생각합니다. 초등학생부터 대학생에 이르기까지 그들이 머물다 간 자리는 여지없이 쓰레기장이 되어 버립니다.

　아이들이 정말 부모님이나 선생님에게 "아무 곳에나 쓰레기를 함부로 버려서는 안된다" 는 말을 들어 본 적이 없어서 그렇게 행동하는 것일까요? 아닙니다. 아이들도 함부로 쓰레기를 버리는 것이 옳지 않은 행동이라는 것을 들어서 알고는 있습니다. 그러나 자신들이 조금 편할 수 있다면 다른 사람은 불편해도 상관없다고 생각하기 때문에 그렇게 행동하는 것입니다.

　저는 요즘 아이들이 다른 사람을 배려하지 않는 이유에 대해 생각해 보았습니다. 제가 얻은 결론은 아이들이 진정한 배려를 경험해 본적이 없기 때문이라는 것입니다. 배려란 다른 사람의 마음을 헤아리고 그를 위하는 마음으로 행동하는 것입니다. 어른들은 스스로 충분히 아이들을 배려하고 있다고 생각합니다. 그러나 부모들이 생각하는 배려는 좋은 음식을 먹이고 좋은 옷을 입히고 교육을 위해 많은 돈을 투자하는 것입니다. 일방적으로 아이들에게 물질을 쏟아 붓고 그것에 대해 감사할 줄 모른다고 불평합니다. 그것은 배려가 아닙니다. 아이들은 그런 것을 원한 적이 없습니다.

모든 아이들에게 무엇인가 알고 싶어 하는 마음, 하고 싶어 하는 마음이 있습니다. 그러나 부모들은 자녀들이 무엇을 좋아하고 무엇을 하고 싶어 하는지 알려고 하지 않습니다. 아이들의 의지를 무시하고 부모 자신이 원하는 삶을 강요합니다. 자신의 의지를 거부당한 아이들이 어떻게 다른 사람의 마음을 헤아리고 남을 배려하는 마음의 여유를 가질 수 있을까요?

부모들이 먼저 자녀들을 배려해야 합니다. 자녀들이 부모 곁에 있고 싶어 할 때, 자녀와 함께 있어 주세요. 자녀가 좋아하는 것에 관심을 가져 주고, 자녀가 하고 싶어 하는 일을 할 때, 지켜보며 격려해 주세요. 어쩔 수 없이 자녀가 하고 싶어 하는 일을 막아야 할 때, 자녀의 속상한 마음만은 받아 주길 바랍니다.

하나님께서 우리의 삶을 인도하시듯

하나님은 목자와 같이 우리의 삶을 인도해 주십니다. 하나님은 우리의 목에 밧줄을 걸어 자신이 원하시는 대로 끌고 다니시지 않습니다. 하나님의 인도하심은 언제나 부드럽고, 따뜻합니다.

하나님은 원수들로부터 우리의 생명을 지켜 주시지만, 우리 앞에 있는 모든 고난과 시련을 다 막아 주시지는 않습니다. 우리가 낙심할 때, 다시 일으켜 주시고, 우리가 외로울 때 곁에 찾아오십니다. 그렇게 하나님은 우리를 배려해 주시는 아빠이십니다.

저는 가끔 아들 승원이와 놀이동산에 가곤 합니다. 아이는 여기저기 돌아다니며, 자기가 타고 싶은 놀이기구를 고르고, 그것들을 타면서 즐거운 시간을 보냅니다. 지금은 놀이동산이 승원이에게 가장 즐거운 세상입니다. 멋진 회전목마, 신나는 롤러코스터, 동화속 궁전이 있는 놀이동산에서 살고 싶은 것이 아이다운 마음일 것입니다.

그러나 승원이가 더 자라면 그때는 놀이동산에서 영원히 살 수는 없다는 것을 가르쳐 주지 않아도 스스로 알게 될 것입니다. 놀이동산에 있는 모든 놀이기구를 다 타본 후엔 아마도 좀 더 넓고 즐거운 진짜 세상을 향한 여정을 시작하겠지요. 그땐 진짜 인생의 모험을 주님과 함께 떠나게 될 것입니다.

인생의 여정을 향해 한발 한발 내딛는 아이에게 부모는 이렇게 말하지 마십시오.

"나는 실패를 경험하지 않고 성공할 수 있는 길을 알고 있으니 너는 내가 시키는 대로 하기만 하면 돼."

"너는 내 등에 가만히 업혀 있기만 해. 한 번도 넘어지지 않고, 가고 싶은 곳에 갈 수 있어."

실패의 경험 때문에 좌절하는 아이는 없습니다. 따라서 부모가 해야 할 일이 있다면 지금까지 하나님께서 자신의 삶을 어떻게 인도해 오셨고, 어떤 은혜를 베풀어 주셨는지 기억하는 것뿐입니다.

자녀를 잘 키우고 싶다면 더 많이 안아 주고, 사랑한다고 속삭여 주는 것입니다. 그리고 사랑으로 기다려 주는 것만으로도 충분합니다. 부족한 부분은 우리의 아빠, 아버지 되신 하나님을 신뢰하는 것입니다.

9장 아이를 행복하게 하는 것은 몰입의 경험입니다

행복을 주는 몰입

시카고 대학교수를 역임한 미하이 칙센트미하이(Mihaly Csikszentmihalyi) 박사는 '행복은 몰입의 경험으로부터 나온다' 고 주장했습니다. 몰입이란 말 그대로 '무엇인가에 푹 빠진 상태' 를 의미합니다. 다시 말해 인간은 무엇인가에 푹 빠져 있을 때 행복감을 느끼게 된다는 것입니다.

미하이 칙센트미하이 박사의 주장은 새로운 무엇을 주장했다기

보다 많은 사람들이 행복을 경험한 순간과 그 조건들을 잘 관찰한 연구결과입니다. 그가 쓴 두툼한 책을 처음부터 끝까지 다 읽어 보지 않더라도 우리가 몰입을 경험한 적이 있다면, 이러한 그의 주장에 충분히 동의할 수 있습니다.

사람들을 불행하게 하는 것은 환경 그 자체가 아니라 염려하고, 걱정하는 자기 자신 때문입니다. 사람들이 염려와 근심을 내려놓지 못하기 때문에 불행하다고 느끼는 것이지요.

그런데 가끔은 무엇인가에 푹 빠져서 그 염려와 근심을 잠시 잊을 때가 있습니다. 반대로 언제나 무언가에 푹 빠져서 사는 사람들은 걱정이나 근심할 겨를이 없기 때문에 자신이 행복하다고 느끼는 것일 수도 있습니다. 어떠한 경우든 사람들이 행복을 느끼는 것은 몰입의 경험을 통해서입니다.

몰입의 경험은 신앙인의 삶에도 '매우 중요한 요소'라고 할 수 있습니다. 저는 몰입을 '어떤 대상을 향한 지적, 감정적, 의지적 추구'라고 생각합니다. 혹시 어떤 분은 '몰입이 예수님을 대신할 수 있다는 것인가?' 하고 반문하실 수도 있습니다. 물론 그렇지는 않습니다.

그러나 이 세상에 있는 것들을 경험하는 것 자체를 악한 일이라고 할 수는 없습니다. 왜냐하면 본래 이 세상에 있는 모든 것들은 하나님께서 만드신 것이고, 하나님께서 우리를 위해 베풀어 주신 것들이기 때문입니다.

따라서 아이가 하나님께서 지으신 세상을 지적으로 탐구하고, 즐거움을 느끼고, 더욱 알고 싶어 하는 모든 과정은 훗날 하나님을 인격적으로 경험하는 데 있어 매우 중요한 일입니다.

만일 어떤 사람이 예수님을 믿게 되었다 해도 그가 예수님께 전인격적으로 몰입하지 못한다면 그는 행복을 경험할 수 없을 것입니다. 예수님께서 말씀하신 "너희가 무엇을 먹을까, 무엇을 마실까, 무엇을 입을까, 염려하지 말라"는 삶을 살 수 있는 것은 우리가 그분을 향해 전적으로 몰입할 수 있을 때 가능한 것이기 때문입니다.

무엇인가에 푹 빠져본 기쁨을 느껴보지 못한 아이는 성장하여 예수님을 만난 후에도 그분께 푹 빠지기 어려울지도 모릅니다. 따라서 아이들에게 몰입할 수 있는 경험을 제공해 주는 것은 아이의 영적성장에 있어서도 매우 중요한 역할을 하게 될 것입니다.

잠재된 몰입의 능력

아이들에게는 몰입할 수 있는 능력이 잠재되어 있습니다. 그렇다면 부모들은 "아이들이 몰입의 경험을 할 수 있도록 우리가 무엇을 해야 하나요?" 라고 물을 것입니다. 거기에 대한 대답은 간단합니다.

"그저 방해하지 마십시오."

하나님은 모든 아이들에게 몰입할 수 있는 능력을 주셨습니다. 그래서 아이들은 하나님께서 자기에게 베풀어 주신 모든 것에 관심을 갖습니다.

아이들은 자세히 보지 않으면 거기 있는지도 모를 만큼 작은 개미에게도 관심을 갖습니다. 쪼그리고 앉아서 어떻게 움직이는지 살펴보려고 합니다. 그런데 그 아이의 손을 잡아끄는 것은 엄마의 손입니다. 아이들의 눈에는 비오는 날 기어 나온 지렁이가 그저 신기하기만 합니다. 결코 더럽고 징그럽다고 생각하지 않습니다. 그러나 엄마는 그 앞에서 비명을 지르며 기겁을 합니다.

저는 하나님께서 이들에게 주신 몰입의 능력이야말로 아이를 성장하게 하는 중요한 동력이라고 생각합니다. 갓 태어난 아기가 엄마의 젖을 빠는 모습을 관찰해 보십시오. 아기는 젖을 빠는 일에 완전히 몰입해 있습니다. 천장에 매달려 흔들리는 모빌을 바라보는 아기의 눈빛을 보십시오. 무언가 심오한 진리를 추구하는 것 같은 눈빛입니다. 자기의 손과 발가락을 관찰할 때도 '도대체 이것이 무엇일까?' 하며 한참을 연구합니다.

무언가 궁금한 물건을 발견하는 순간 아이의 온몸은 그 물건을 향해 집중합니다. 아이는 처음 보는 것을 그냥 지나치지 않습니다. 어떤 소리가 들리면 순간적으로 그 소리가 나는 방향으로 몸을 움직여 그 소리의 정체를 파악하려고 합니다.

아이가 자신의 몸을 움직일 때 역시 고도의 집중력을 발휘합니다. 아기가 처음 일어서거나 걷게 될 때 자신의 다리 근육을 비롯한 온몸을 어떻게 움직여야 넘어지지 않고 중심을 잡을 수 있는지 배워갑니다.

서고, 걷고, 뛰는 기본적인 신체동작을 다른 누군가의 지시나 가르침을 따라 배우는 것이 아니라 스스로 터득하게 됩니다. 아이는 엄청난 집중력을 발휘하여 자기 스스로 자신의 몸을 움직이는 능력을 배우는 것입니다.

아기는 걷다가 넘어지기도 하고, 기어 올라가다 떨어지기도 하지만 그것 때문에 좌절하거나 포기하는 일은 없습니다. 조심성이 많아서 다른 아이들보다 조금 늦게 걸음마를 배우는 경우는 있어도 걸음마를 포기하는 경우는 없습니다.

부모들은 때때로, 아이가 크게 다칠 수 있는 위험한 행동은 제지해야 합니다. 그러나 멍들거나 조금 상처가 날 수 있는 상황을 모두 막아 버린다면 아이는 자신의 집중력을 발휘할 기회를 잃어버리게 될 뿐만 아니라 무엇인가를 스스로 배우며 해냈다는 성취감을 맛보기도 어려울 것입니다.

아이에게 책을 읽어주세요

우리나라에 얼마 전부턴가 독서육아 열풍이 불고 있습니다. 자녀에게 책을 읽어 주는 것이야말로 훌륭한 육아법이라는 것이 자녀양육에 조금이라도 관심이 있는 부모들에게는 이미 상식이 되었습니다.

저도 승원이에게 돌전부터 열심히 책을 읽어 주었습니다. 제가 승원이에게 책을 읽어 주게 된 계기는 독서를 통해 아들을 영재로 키워냈다는 분의 육아서를 읽고 나서였습니다. 처음에는 저도 '아, 책만 열심히 읽어 주어도 자녀를 영재로 만들 수 있구나!' 라는 기대감으로 시작했습니다.

그러나 승원이에게 책을 읽어 주면서 깨닫게 된 것은 책을 읽어 주는 것은 아이를 영재로 만들기 위한 방법이 아니라 아이와 함께 그림과 이야기가 있는 세상 속으로 들어가는 모험이라는 것입니다. 그것은 단순히 재미있는 이야기가 아닌 참된 가치가 담겨있는 세상입니다.

세상이 말하는 영재란 정보를 얼마나 많이 그리고 빨리 받아들일 수 있는가를 기준으로 판명됩니다. 그러나 정말 중요한 것은 정보처리의 양이나 속도가 아니라 정보의 가치를 분별할 수 있는 능력입니다. 세상은 이미 헤아릴 수 없는 많은 양의 정보가 존재하고 있습니다. 아이들에게 필요한 것은 정보의 양이 아니라 정말 가치 있는 것을 볼 수 있는 심성과 안목입니다.

아이들이 책을 통해 얻어야할 것은 무엇일까요? 산과 강들을 파헤치고, 거기서 얻을 수 있는 경제적 이익을 계산할 수 있는 능력이 아니라 그 산과 강에 깃든 생명의 아름다움과 소중함을 아는 인격입니다. 또한 이 세상에 있는 모든 생명들이 돈보다 더 가치있는 것이기 때문에 그것들을 지켜내기 위해 물러서지 않는 용기 같은 것들이 아닐까 합니다.

이런 점에서 부모는 반드시 아이에게 책을 읽어 주어야 한다고 생각합니다. 영재를 만들기 위한 목적이 아니라 올바른 가치관을 형성하고, 아름다운 것을 볼 수 있는 안목을 키우기 위해서 말입니다.

인생이란 아이와 함께 만들어 가는 그림책입니다

아이를 무릎에 앉혀 놓고, 책을 읽어준 부모라면 그것이 아이의 인생에 얼마나 아름다운 추억이 될 수 있는지 알게 될 것입니다. 아이는 책을 읽어 주는 부모의 목소리를 따라 눈앞에 펼쳐지는 그림 세상 속으로 빨려 들어갑니다. 아이들에게 그림책은 새로운 세상과 경험으로 인도하는 마법입니다. 가 볼 수 없는 시간으로 데려다 주는 타임머신이 되기도 합니다.

아이는 그림책을 통해서 이 세상이 따뜻하고 아름다운 곳이며,

신나는 모험으로 가득 찬 곳이라는 확신을 얻게 됩니다. 아이는 부모가 읽어 주는 책 속에 빠져들어 세상의 신기하고 아름다운 것들을 만나며 시간가는 줄을 모릅니다. 새로운 책을 꺼내 펼칠 때마다 새로운 세상을 만나고, 책장이 넘어가면 모험도 계속됩니다. 아이는 여행이 끝나는 것이 너무 아쉽고, 이 즐거운 모험이 금세 끝나게 되면 어떻게 하나 조바심 내게 됩니다.

아이에게 공부하라고 잔소리하는 것은 부모와 아이 모두에게 불행을 가져다 주지만, 책을 읽어 주는 것은 모두에게 즐겁고 행복한 추억을 만드는 일입니다. 저 역시 승원이가 아기 일 때부터 무릎에 앉혀 책을 읽어 주었습니다. 밤늦은 시간까지 책을 읽어 주느라 피곤할 때도 있었지만, 승원이와 책 속으로 함께한 여행은 아름다운 추억으로 남아 있습니다. 승원이와 함께 했던 책읽기 경험은 승원이뿐 아니라 저에게도 그 무엇과 바꿀 수 없는 아름다운 그림책으로 남아 있기 때문입니다. 그리고 그 그림책은 아직도 끝나지 않았습니다.

사실 아이에게 책만 읽어 주어도 공부하라고 말할 필요가 없습니다. 대부분의 학교 교과서는 아이들에게 여러 가지 정보를 나열해 놓은 재미없는 책들입니다. 거기엔 아이들이 즐거운 모험이라고 느낄만한 이야기의 요소가 결여 되어 있습니다. 뿐만 아니라 교과서에 나열된 정보를 외우고 시험을 치고, 성적을 내서 등수를 매기는 현재의 교육 구조 안에서 아이들이 몰입을 경험하는 것은 불가능합니다.

그래서 저는 기회가 있을 때마다 부모들에게 "성적을 중요하게 생각하지 말라"고 말합니다. "아이들에게 제발 공부하라는 잔소리 하지 마십시오"라고 부탁드립니다. 중요한 것은 아이가 '이 세상은 내가 알고 싶고, 경험하고 싶은 것들로 가득 찬 보물섬과 같은 곳이다'라고 느끼게 하는 것입니다. 아이에게 책을 읽어 주십시오. 그리고 아이와 함께 인생이란 이름의 아름다운 그림책을 만들어 가시기를 바랍니다.

아이들은 자연 속에서 몰입합니다

아이들은 하나님이 만드신 자연을 통해 하나님과 교감할 수 있습니다. 그런데 인간이 만든 차가운 콘크리트 구조물들이 자연과 아이 사이를 가로막아 버렸습니다. 그리고 하나님과 아이들 사이를 가로막아 버렸습니다.

요즘 아이들이 공부하는 모습을 보면 도저히 몰입을 경험할 수 없는 환경이란 것을 발견할 수 있습니다. 우리 자신들만 뒤돌아봐도 마찬가지입니다. 우리가 교실에 앉아 선생님의 수업을 들으며 몰입한 적 있었던가?

수십 년이 지난 지금, 학교의 풍경은 과거와 거의 똑같습니다.

아이들이 사용하는 책, 걸상이나 학용품의 질이 좋아진 것 말고는 아이들은 모두 책상 앞에 앉아 듣기만 하고, 수업시간에 말하는 사람은 선생님입니다.

아이들은 책을 통해서 배우는 것보다 몸을 통해 먼저 배웁니다. 때문에 살아있는 지렁이를 손에 올려 만져보고, 그 움직임을 보고 나서 책에 나온 지렁이를 보아야합니다. 보랏빛 제비꽃을 손으로 톡 쳐보고, 수줍게 달랑거리는 모습을 눈으로 본 다음 제비꽃에 관한 과학적 정보를 읽어야 합니다. 햇볕에 반짝이는 강변의 고운 금모래를 눈으로 본 적이 없고, 손으로 쓸어 보거나 발로 밟아 본 적도 없는 아이에게 김소월님의 '엄마야 누나야 강변 살자'를 열심히 외우게 한들 무슨 의미가 있을까요?

지구 온난화로 인한 환경의 문제는 우리 모두에게 이슈가 되었습니다. 물론 교과 과정에도 다루어지고 시험출제빈도 역시 거의 100%에 달합니다. 그러나 참고서를 외워서 문제를 맞힌다고 지구의 환경문제가 해결될 수 있을까요?

하나님이 주신 오감을 통해 자연의 생명들을 만져보지 않는다면, 그것들이 얼마나 귀하고 가치 있는 것인지 직접 느끼지 못하게 될 것입니다. 그렇다면 어떻게 아이들이 환경과 생명을 지킬 수 있겠습니까?

아이들이 몸으로 느낄 수 있는 기회를 주어야합니다. 아이들의 눈과 귀, 코와 입, 손과 발을 막고 있는 방해물들을 걷어내 주어야 합니다. 아이들이 오감을 사용할 수 있게 되고, 그것을 방해하지 않는다면 아이들은 몰입하게 될 것입니다.

아이를 위해서 부모가 해야 할 일

어제는 승원이와 함께 언덕에서 눈썰매를 탔습니다. 차가운 겨울 바람을 얼굴에 맞으며 눈 쌓인 언덕을 미끄러져 내려갈 때 승원이는 기쁨의 비명을 질러댔습니다. 손발이 땡땡 어는 것도 모르고 언덕을 몇 번이고 기어 올라가서 썰매를 타는 승원이의 모습을 보면서 그 어떤 놀이동산이나 '플레이 타임'에 데려갔을 때보다 더 즐거운 하루를 보냈다는 것을 알 수 있었습니다.

아이에게 즐거움을 줄만한 놀잇감들을 부모가 직접 고르고 선물하려 하기보다 아이가 무엇을 할 때 시간가는 줄 모르고 푹 빠져 있는지 관찰하는 지혜가 필요합니다.

아이가 혼자 멍청히 앉아 있는 시간을 방해하지 마십시오. 아이의 머리도 가만히 있는 것은 아닙니다. 아이의 머릿 속에 쉴 새 없이 무언가 넣어 주려고 안달하지 마십시오. 아이는 자신이 필요하다면 부모가 억지로 앉혀 놓고 일 년 동안 밀어 넣은 지식을 단 몇 시간만에 해결해 버릴 수 있는 능력을 가지고 있습니다.

부모가 아이를 위해서 해야 할 일은 아이를 위해서 억지로 시간을 내고, 즐겁지 않은 일을 마지못해 함께 해주는 것이 아닙니다. 부모들은 자녀를 위해 자신의 인생을 희생한다고 생각합니다. 그러나 아이와 함께 자연 속에서 마음껏 뛰어 놀며 행복할 수 있다면, 아이를 무릎에 앉혀 놓고 아름다운 그림책 속을 여행하며 아이와 함께 감동할 수 있다면, 내 인생의 한 순간을 아이와 함께 할 수 있도록 기회를 주신 분께 감사할 수 있을 것입니다. 아이와 함께 하는 그 순간에 몰입하는 부모가 자녀들을 행복하게 할 수 있습니다.

♥ 10장 아이들은 놀면서 배웁니다

아름다운 추억의 놀이

술래잡기 고무줄놀이

말뚝 박기 망까지 말 타기

놀다보면 하루는 너무나 짧아

아침에 눈뜨며 마을 앞 공터에 모여

매일 만나는 그 친구들

비싸고 멋진 장난감 하나 없어도

하루 종일 재미있었어

좁은 골목길 나지막한 뒷산 언덕도 매일 새로운 그 놀이터

개울에 빠져 하나뿐인 옷을 버려도

갈 때 되면 서로 웃었지
어색한 표정에 단체사진 속에는 잊지 못할
내 어린 날의 보물들. . .

'보물'이란 노래의 가사 일부입니다. 부모세대라면 누구나 이 노래가사에 공감할 수 있을 것입니다. 우리의 어린 시절을 되돌아보면 언제나 친구들과 함께 마을 공터와 골목을 누비며 놀던 행복한 기억을 만나게 됩니다.

학교 마치고 집에 돌아오자마자 가방을 내팽개치고, 골목으로 뛰쳐나가 친구들과 놀다가 어둑어둑 해 질 무렵이 되어야 집을 향한 아쉬운 발걸음을 옮기곤 했습니다. 그땐 정말 변변한 장난감도 없었지만, 친구들과 노는 것이 그렇게 재미있을 수가 없었습니다.

아파트도 별로 많지 않았던 시절, 다닥다닥 붙은 단독주택 사이로 난 좁은 골목길은 넓은 학교 운동장보다 더 훌륭한 놀이터였습니다. 그 골목에 남자아이 몇 명만 모이고, 축구공 하나만 있으면 금세 골목은 미니 축구장이 되었습니다. 축구공이 없는 날은 음료수 깡통을 발로 찌그러뜨려 깡통축구를 하면 됩니다.

친구들끼리 쌈지 돈 모아 동네 문방구로 달려갑니다. 작은 고무공 하나 사면 주먹야구로 한나절은 신나게 뛰어 놀 수 있었습니다. 한 겨울에도 귀가 땡땡 얼고, 손이 터서 갈라져도 추운 줄 모르고 연날리기, 팽이치기를 했습니다. 추운 겨울 하루 종일 놀다 해 질 녘 집에 들어갔을 때, 엄마가 뚝배기에 보글보글 끓여 내오신 청국장의 그 맛을 지금도 잊을 수가 없습니다.

여자아이들이라고 해서 가만히 앉아서 놀지만은 않습니다. 여자아이들의 고무줄놀이는 아주 동적이지만 남자아이들의 움직임과는 다른 섬세하고, 앙증맞은 매력이 있었습니다.

머리 꼭대기에 올려놓은 고무줄을 다리로 걸어 내리고, 노래 박자에 맞춰 몸을 흔들며 뛰노는 모습을 보고 있으면 남자아이들은 자기도 모르게 그 매력에 빠져들게 됩니다.

여자아이들이 몇 명 되지 않아 둘, 셋밖에 없으면, 남자아이들은 고무줄을 서로 잡아 주겠다고 야단이었습니다. 동네 누나의 묘기 같은 고무줄놀이를 넋 놓고 쳐다보고 온 날, 잠자리에 누워 눈을 감고 있자면, 누나의 고무줄 하던 모습이 왜 자꾸 떠오르던지. 다음 날 아침 학교 등교 길, 누나를 만났을 때 눈도 마주치지 못하고, 귀까지 빨개져서 내달리던 기억이 납니다.

이성과 함께 하는 소꿉장난과 병원놀이

아이들이 좋아하는 놀이에는 공기놀이, 소꿉장난, 병원놀이 등이 있습니다. 마당에 돗자리 하나만 깔면 온갖 맛있는 요리가 나오는 주방이 되기도 하고, 수술실과 주사실이 있는 병원이 되기도 합니다. 아이들은 가끔씩 병원놀이에 너무 몰입한 나머지, 주사 맞기 한답시고 부끄러움도 모른 체 팬티를 내리다가 친구 엄마에게 호되게 야단을 맞기도 합니다.

아이들은 이성의 몸에 호기심을 갖습니다. 그것은 어떤 성적행위라기보다는 오디프스 컴플렉스의 일종입니다. 남자아이는 엄마를 차지하기 위해 아빠를 경쟁자로 여기고, 여자아이는 아빠를 차지하기 위해 엄마를 경쟁자로 여기는 심리현상입니다. 주로 4-5세 정도가 되면 아이들은 세상에서 처음 만난 이성의 부모를 통해 자신의 성적 존재감을 형성하게 됩니다. 이때 병원놀이와 소꿉놀이는 아이들에게 이성을 만나고 서로 이해하게 하는 데 도움이 됩니다.

어른들은 아이들이 병원놀이를 할 때, 방문을 닫지 않도록 하고, 방해되지 않게 지켜보는 것이 필요합니다. 혹시 아이들이 서로의 몸을 노출하거나 지나친 성적 장난으로 넘어가려 할 때, 과민하게 반응하기 보다는 이성의 벗은 몸을 직접 보거나 만져서는 안 된다는 것을 자상하게 가르쳐 주는 것이 좋을 것 같습니다.

또한 그런 순간을 기회삼아 남성과 여성의 몸이 어떻게 다른지 신체백과사전을 통해 함께 알아보는 것도 자연스러운 성교육이 될 수 있습니다. 이성의 몸에 대한 호기심을 지나치게 억압하거나,

금기시하면 아이들은 잘못된 방법으로 호기심을 충족하려 할 수 있습니다. 또한 성은 수치스럽거나 더러운 것이라는 잘못된 성 관념을 갖게 될 수도 있습니다.

부모의 세대는 지금의 아이들보다 남자아이들과 여자아이들이 자연스럽게 어울릴 수 있는 기회가 더 많았었습니다. 누구나 이성에 대한 순수한 끌림을 놀이를 통해 경험할 수 있었습니다.

황순원의 소나기에 나오는 소년과 소녀의 순수한 사랑이 아름답게 느껴지는 것은 우리 모두가 그와 비슷한 감정을 느껴본 경험이 있기 때문일 것입니다. 그러한 경험이 가능할 수 있었던 것은 남자아이들과 여자아이들이 함께 놀이를 공유했기 때문입니다.

놀이와 공부 사이

부모들은 보통 '놀다'를 '일하다', '공부하다' 라는 말의 반대 개념으로 이해하는 경향이 있습니다. 놀이란 가치 없는 비생산적인 활동이며, 일과 공부를 삶에 필요한 생산적인 활동으로 구분하는 것입니다. 그러나 놀이와 일, 혹은 놀이와 공부의 경계가 과연 명확하게 구분될 수 있는 것인지 잘 생각해 보아야 합니다.

한 가지 예로 어떤 교수님은 어릴 적 친구들과 학교놀이를 자주 하셨답니다. 자신은 선생님 역할을 하면서 친구들을 가르쳤는데, 이 학교놀이가 너무도 재밌어서, 어른이 되면 꼭 선생님이 되고 싶다고 종종 생각했답니다. 그런데 나이가 훌쩍 들어서 자신을 돌아보니 학생들을 지도하고 있는 교수가 되어 있었다고 고백했습니다. 어릴 적 재밌게 놀던 놀이가 꿈의 토대이자, 꿈을 이루는 배움의 원동력이 된 것입니다.

지금 많은 환자를 돌보고 있는 의사 선생님들 중에서도 어릴 적 의사놀이를 하면서 너무도 행복해 하던 분들이 적지 않을 것입니다. 우리는 놀이와 공부의 개념을 너무 좁게 이해하고 있습니다.

놀이란 재미는 있지만 별로 생산적이지 않은 시간낭비가 아닙니다. 공부는 책상에 앉아 교과서를 펼쳐 놓고, 억지로 머릿속에 지식을 밀어 넣는 행위가 아닙니다. 아이들은 놀면서 많은 것을 배웁니다. 어쩌면 재미있게 놀기 때문에 더 알고 싶고, 더 배우고 싶어진다는 말이 옳을 지도 모릅니다. 때문에 아이들의 공부는 앉은 자세로 책을 읽으며, 머리를 통해서 이루어지는 정적인 활동과 온몸을 움직이면서 배우는 동적인 활동이 통합되어야 합니다.

놀이를 통해 배우는 승리와 패배

놀이에는 상대방과 승부를 겨루는 경쟁이 있습니다. 서로 이기기 위해 온 몸을 움직이고 머리를 짜내야 합니다. 그리고 한 쪽은 지고 한 쪽은 이깁니다. 그러나 영원한 승자도 패자도 없습니다. 승자는 승리의 기쁨을 잠깐 누리고, 패자는 분한 마음으로 다음

날을 기약합니다. 오히려 패배의 경험을 통해 오늘 우리 편이 왜 졌는지 패배의 요인을 따져 보게 되고, 내일은 다른 전략을 세워서 꼭 이기리라 다짐하게 됩니다.

아이들 모두 같은 놀이를 오늘도 내일도 반복하면서 오늘 이긴 내가 내일 질 수 있고, 오늘 졌던 내가 내일 이길 수 있다는 사실을 받아들입니다. 오늘 이겼다고 자만한 마음을 갖지 않고, 오늘 졌다고 절망하지도 않습니다.

세상을 살다보면 언제나 이길 수만은 없습니다. 그리고 언제나 지기만 하는 것도 아닙니다. 누구나 이길 때도 있고, 질 때도 있습니다. 중요한 것은 오늘은 졌지만, 그걸로 끝은 아니다하는 마음가짐입니다. 아이들은 이렇게 놀면서 세상을 살아가는 데 반드시 필요한 마음가짐을 배워갑니다.

놀이를 빼앗긴 우리 아이들

그런데 요즘 우리 아이들은 놀이를 빼앗겼습니다. 학교 성적으로 자신의 존재가치가 순위 매겨지는 것을 경험합니다. 귀로는 모든 아이가 동등한 존재가치를 지니고 있다는 말을 듣지만, 실제 삶에서는 성적이 좋은 아이가 더 관심과 칭찬을 독차지하는 것을 온몸으로 느껴야만 합니다.

성적이 좋은 아이는 자만하게 되고, 성적이 좋지 않은 아이는 자기가 그렇게 중요한 사람이 아니라는 것을 배워갑니다. 자만하던 아이는 원하는 성적을 얻지 못할 때 모든 것이 끝난 것 같은 절망을 느끼게 됩니다. 성적이 낮아 자기가 중요한 사람이 아니라고 생각하는 아이는 배움에 대한 의욕을 상실해 갑니다.

함께 뛰어 노는 아이들이 자연스럽게 터득하는 삶의 이치들을 앉아서 공부만 하는 아이들은 배우지 못하게 됩니다. 물론 시험성적은 공부만 열심히 한 아이가 더 좋을 수 있겠지만, 마음껏 뛰어 노는 아이가 더 행복한 삶을 살게 되지 않을까요?

놀이를 통해 배우는 사회성

모든 놀이에는 정해진 규칙이 있습니다. 놀이에 참여 하는 아이들은 그 놀이의 규칙을 알아야 하고, 그 규칙을 따라야 합니다. 처음 놀이에 참여 하는 아이들은 다른 친구들로부터 놀이의 규칙을 배우게 됩니다.

귀찮다고 새로 온 친구들에게 놀이의 규칙을 가르쳐 주지 않으면 함께 즐거운 놀이를 진행할 수가 없습니다. 놀이를 더욱 재미있게 놀려면, 어떻게든 놀이의 규칙을 이해시켜야 합니다. 바로 여기에 놀이의 중요한 요소가 있습니다. 정보를 함께 나누어야, 함께 즐거움을 누릴 수 있다는 것입니다.

오늘의 사회는 가진 자들이 정보를 독점하고 있습니다. 그들이 정보를 나누지 않고, 독점하는 것은 자신들의 기득권을 지키기 위한 것입니다. 부자들이 더욱 많은 것을 갖게 되고, 가난한 사람들이 더 가난해지는 것은 바로 부자들이 자신이 가진 정보를 나누지 않기 때문입니다.

그런데 현대사회의 문제는 아무도 행복하지 않다는 데 있습니다. 부자는 부자대로 가난한 사람들은 가난한 사람대로 행복하지 않습니다. 정보의 독점은 모두를 불행하게 합니다.

그러나 아이들은 놀이를 통해 정보를 나눕니다. 함께 놀기 위해 자신의 정보를 나누고, 상대방이 이해할 수 있도록 도와줍니다. 함께 정보를 나누지 않으면 나도 즐거움을 누릴 수 없다는 것과 반대로 내가 아는 것을 가르쳐 주면 모두가 함께 행복할 수 있다는 삶의 이치를 놀이를 통해 배워가는 것입니다.

또한 정해진 규칙을 지키는 것이 놀이를 지속할 수 있는 길이라는 것도 배우게 됩니다. 만약 어떤 아이가 놀이에서 이길 욕심으로 규칙을 지키지 않으면 판이 깨질 위기에 처합니다. 상대방이나 상대팀은 규칙을 어긴 아이를 절대 그냥 넘어가지 않습니다. 규칙을 어긴 것에 대해 강력하게 항의를 합니다. 규칙을 어긴 아이가 잘못을 인정하면, 놀이는 다시 계속됩니다. 강력하게 항의하던 아이들은 규칙을 어긴 아이라도 잘못을 인정하기만 하면 언제 그랬냐는 듯이 다시 놀이를 진행합니다. 그러나 규칙을 어긴 아이가 자기의 잘못을 인정하지 않고 집으로 들어가 버리면 놀이가 끝나거나, 그 아이가 빠진 채로 놀이는 계속됩니다.

　다음날 규칙을 어기고 집으로 가버렸던 아이가 함께 놀이에 참여하려고 하면, 아이들은 판을 깨버린 아이를 다시 놀이에 끼워주지 않습니다. 판을 깼던 아이가 다시 친구들과 놀기 위해서는 사탕을 돌려야 하는 등 나름대로의 비싼 대가를 치러야만 합니다.

아이들에게서 배워야 할 어른들

　어른들은 아이들의 이런 노는 모습을 보고 배워야 합니다. 어른들의 사회는 강자가 규칙을 지키지 않고, 그것을 통해 자기의 이익을 극대화합니다. 제대로 된 처벌이 이루어 지지 않을 뿐 아니라, 기득권을 지키기 위해 규칙을 좌지우지 하는 경우도 많습니다. 과연 이런 사회가 얼마나 지속될 수 있을지 의문입니다. 지식과 권력을 독점한 사람들은 그러한 불평등과 불공정이 영원히 지속될 수 없다는 것을 알아야 합니다.

　우리들은 아이들에게 배워야 합니다. 아이들이 규칙을 어긴 아이를 그냥 보고 있지 않듯, 이 사회에서 지켜야할 규칙을 어기는 기득권을 향해 강력한 항의를 할 수 있어야 합니다. 그들이 잘못을 인정하지 않을 때는, 그들을 사회의 구성원으로 인정할 수 없다는 다수의 영향력과 제도적 힘을 키워가야 합니다. 그리고 그러한 마음의 힘을 키우는 첫 발걸음은 아이들이 신나게 뛰어 놀 수 있도록 하는 것입니다.

Part 4

건강한 부모를 세우시는
우리 아빠 우리 하나님

♥ 11장 부모가 된다는 것

부모가 된다는 의미

부모가 된다는 것은 어떤 의미일까요? 물론 아이를 낳은 부부를 부모라고 말할 것입니다. 그러나 아이를 낳은 것만으로는 부모가 될 수는 없습니다. 부모는 아이를 낳고 아이를 키우면서 아이와 함께 성장하며 부모가 되어 갑니다. 다시 말해 부모가 되는 일은 성장의 한 과정인 것입니다. 만일 아이를 낳고 키우는 과정에서 부모 자신이 전혀 성장하지 못한다면 부모 됨의 참된 의미를 깨달을 수 없습니다.

아이를 낳는 것은 나의 선택이나 우연의 결과 같지만 그렇지 않습니다. 나에게 아이를 주신 분이 어떤 목적으로 그렇게 하셨는가를 깨달아 가는 과정이 부모로서의 삶입니다. 따라서 완전히 준비가 된 상태에서 아이를 맞이하는 부모는 없습니다. 그리고 세상에 완전한 부모란 존재하지 않습니다.

우리는 좋은 부모가 되기 위해 여러 가지 준비를 할 수 있습니다. 저는 아내가 승원이를 임신하고 나서부터 열심히 육아 책을 읽었습니다. 책을 읽으면서 많은 것을 배웠고 승원이가 태어나면 "이렇게 키워야지" 하고 나름대로 계획도 세워 보았습니다.

그런데 막상 태어난 승원이를 두 팔로 안았을 때 내가 무엇을 느꼈는지 잘 기억나지 않습니다. 내 인생의 첫 아이를 만난 순간, 평생 잊지 못할 가슴 벅찬 감동을 느끼게 되리라는 기대와는 달리 하나의 생명이 우리 부부에게 왔다는 사실이 실감나지 않았습니다.

산부인과에서 집으로 돌아온 뒤 엄마 젖을 잘 물지 못해 밤새 울어대는 승원이를 달래면서 어쩔 줄 몰라 하던 기억이 납니다. 모유수유가 아기에게 어떤 유익이 있는지에 대해 한참을 설명할 수 있는 지식이 있었지만 정작, 아기가 엄마 젖을 빨지 못해서 울 때 내가 무엇을 할 수 있는지 몰랐습니다. 결국 인터넷을 통해서 이러한 현상이 유두혼동이라는 것과 산부인과에서 젖병을 먼저 물린 것이 원인이라는 것을 알게 되었습니다.

밤에 몇 번씩 깨서 우는 승원이를 아내와 번갈아 가며 업어 재

우다가 짜증이 나서 승원이에게 화를 낸 적도 있었습니다. 이런 과정을 겪으면서 저는 아기를 키우는데 정말 많은 지식이 필요하지만, 결국 지식만으로는 안 되는 것이 많다는 것도 알게 되었습니다.

어떻게 좋은 부모가 될 수 있을까?

모두 좋은 부모가 되고 싶어 합니다. 그러나 어떤 부모가 좋은 부모인지, 어떻게 좋은 부모가 될 수 있는지에 대한 생각은 모두 제각각입니다. 그리고 자기 나름대로 좋은 부모가 되어 보려고 하지만 자신이 정말 좋은 부모라고 생각하는 부모는 많지 않습니다.

그렇다면 우리는 좋은 부모가 되기 위해 어떻게 해야 할까요? 많은 부모들이 자녀를 성공시키는 것이 부모의 역할이라고 생각합니다. 자녀가 남다른 성취를 이루어 내면 부모 노릇을 잘 한 것이라고 생각합니다.

그러나 과연 내 아이가 다른 아이보다 공부를 잘해서 성공하면 부모 역할을 잘 한 것일까요? 혹은 이와 반대로 내 아이가 공부를 못해서 성공하지 못한다면 실패한 부모가 되는 것일까요?

좋은 부모가 되는 것과 자녀의 사회적인 성취 여부는 전혀 관계가 없습니다. 좋은 부모라도 남 보기에 평범한 자녀를 둘 수 있습니다. 또한 자녀가 남들이 알아 줄 만큼 크게 성공했어도 좋은 부모가 되지 못할 수도 있습니다.

흔히들 생각하는 좋은 부모의 조건은 이런 것들입니다.

부모가 건강해서 자녀들을 잘 돌봐 주는 것, 지식이 있어서 공부를 잘 가르쳐 주는 것, 재력이 있어서 자녀를 뒷바라지 하는 데 부족함이 없는 것, 자상하고 인격적으로 자녀와 대화할 만한 능력이 있어서 성품이 좋은 아이로 키우는 것 등등입니다.

다 필요하고 좋은 조건들입니다. 그러나 부모가 장애가 있거나, 학력이 부족하거나, 재산이 없다고 해서 좋은 부모가 될 수 없다고 할 수는 없습니다.

그렇다면 좋은 부모가 될 수 있는 조건은 무엇일까요? 좋은 부모가 되는 길은 부모 자신이 먼저 삶의 목적을 발견하고 그 목적을 따라 사는 것에 있습니다. 부모 자신이 삶의 목적이 무엇인지 알고 그에 따라 살고 있다면 그는 좋은 부모입니다. 그 자녀들 역시 부모의 삶을 통해 삶의 목적을 발견하고, 어떻게 살아야 하는지를 배우기 때문입니다.

하나님의 눈으로

하나님을 믿는 부모라면 하나님을 아는 것만큼 좋은 부모가 될 수 있다는 것을 알아야합니다. 이것이 정답입니다. 왜냐하면 좋은 부모란 나의 아이를 하나님의 눈으로 볼 수 있는 부모이기 때문입니다.

　제가 아들과 함께 즐겨 보았던 애니메이션 '이집트 왕자' 엔 아름다운 노래들이 나옵니다. 그 중에서도 저는 'Through Heaven's Eye'(하나님의 눈으로 보라)를 특히 좋아합니다. 모세의 장인 이드로는 광야의 모닥불 앞에서 모세에게 이렇게 노래를 불러 줍니다.

A single thread in a tapestry

though its color brightly shines

can never see its purpose

in the pattern of the grand design

한 가닥의 실이 아름답고 밝게 빛나지만

양탄자의 크고 화려한 무늬 속에서

자신의 목적이 무엇인지 발견하지 못한다네

and the stone that sits up on the very top

of the mountain's mighty face

does it think that it's more important

than the stones that forms the base

큰 바위 얼굴 맨 위에 있는 돌이

자신은 산의 맨 아래에 있는 돌들보다

더욱 중요하다 생각하네

So how can you see what your life is worth
or where your value lies
그러니 네 인생의 가치가 무엇인지
너의 가치가 어디에 있는지
어떻게 알 수 있겠나?

ohhhh, you can never see through the eyes of man
you must look at your life
look at your life through heaven's eyes
오, 자네는 사람의 눈으로 결코
자네의 인생을 깨달을 수 없다네
자네의 인생을 보게나
하나님의 눈으로 자네의 인생을 보게나

이 노래가 말하고 있듯이 이 세상에는 크게 두 가지 부류의 사람들이 존재하고 있습니다. 첫 번째 사람들은 자신을 화려한 양탄자 속의 한 가닥 실처럼 너무도 평범한 인생으로 생각합니다. 그래서 자신의 존재 목적을 잘 깨닫지 못합니다.

두 번째 부류들은 자신을 잘생긴 큰 바위 얼굴 맨 위에 있는 돌로 생각합니다. 그래서 남들이 항상 자신을 우러러 보고 있기에 자신이 남들보다 더욱 중요하고 우월한 존재라고 생각합니다.

이 두 부류의 사람들 모두 자신의 인생의 목적이 무엇인지 모르고 있습니다. 그들은 모두 사람의 눈으로 자기를 평가하고 있기 때문입니다. 사람의 눈은 화려한 양탄자의 무늬 속에서 한 가닥의 실을 볼 수 없습니다. 그리고 사람의 눈은 언제나 큰 바위 얼굴의 윗부분을 향해 있습니다.

그러나 하나님의 눈은 사람의 눈과는 다릅니다. 하나님의 눈에는 한 가닥, 한 가닥의 실이 모두 귀하고 아름답습니다. 그래서 하나님은 그 한 가닥의 실, 하나하나를 모아서 아름답고 화려한 무늬를 이루어 가십니다. 하나님의 눈은 큰 바위 얼굴의 맨 윗부분만을 향하고 있지 않습니다. 산 맨 아래에 있는 돌들 역시 하나님의 위대한 작품인 큰 바위 얼굴을 이루는 중요한 존재들입니다.

좋은 부모가 되기를 원한다면 이 노래가 말하고 있듯이 세상의 눈이 아닌 하나님의 눈으로 당신과 자녀의 인생을 볼 수 있어야 합니다.

당신의 자녀가 남들이 보기에 평범한 삶을 살아간다 할지라도 하나님의 사랑을 경험하고, 하나님을 사랑하며, 하나님께서 사랑하는 영혼들을 귀하게 여기는 삶을 살고 있다면 하나님의 손에 들려진 한 가닥의 실이 될 것입니다.

　사람들의 눈이 당신의 자녀에게 향하지 않는다고 슬퍼하지도 실망하지도 마시기 바랍니다. 중요한 것은 사람들의 눈이 아니라 하나님의 눈입니다. 하나님의 시선은 언제나 당신이 사랑하는 자녀에게서 떠나지 않습니다.

당신은 명품보다 귀한 존재입니다

　백화점에 가서 아이들을 위한 물건들을 구경하다보면 깜짝 놀랄 때가 있습니다. 물건에 붙어 있는 가격 때문입니다. 아이들의 외출복 한 벌에 수십만 원이고, 멋진 유모차 한 대 가격은 백만 원이 훌쩍 넘어갑니다. 이렇게 비싼 물건들을 사 줄만한 부모가 몇이나 될까 싶은데도 아주 잘 팔린다고 합니다.

　물론 수십만 원, 수백만 원이 별 부담이 되지 않는 고소득자들도 있을 것입니다. 그러나 크게 부담을 느끼면서도 자녀를 위해서 지갑을 여는 서민들도 많습니다.

　자녀에게 좋은 것을 주고 싶은 마음은 모든 부모들이 다 같을 것이라고 생각합니다. 그러나 아이 옷 한 벌을 수십만 원을 주고 사는 것은 무언가 잘못된 것이 아닌가 하는 생각이 듭니다. 왜냐하면 옷은 본래 몸을 보호하고, 몸이 편안한 상태를 유지할 수 있도록 하는 것이 주된 목적이기 때문입니다. 그러한 목적에 부합한

옷이라면 그렇게 비쌀 이유가 없는 것입니다. 때문에 아이의 옷을 그렇게 비싸게 팔고 사는 데는 다른 목적이 숨어 있는 것입니다.

오늘날 우리 사회를 지배하는 가치가 무엇인지를 보여주는 것들 중 하나는 바로 TV광고입니다. 광고의 카피문구를 보면 이 사회의 가치관이 잘 드러납니다. 예를 들면 "당신이 사는 집이 바로 당신이 누구인지를 말해 줍니다" 같은 광고문구는 '이 집에서 살면 당신의 가치가 높아집니다' 또는 '당신처럼 가치 있는 사람이라면 이 정도 집에서는 살아야합니다' 라고 말하는 것입니다. 그 사람이 사는 집의 가치가 곧 그 사람의 가치라는 것이지요.

여성들이 명품 핸드백을 구입하는 이유는 그 핸드백의 기능이나 디자인이 훌륭해서가 아닙니다. 그 핸드백을 들고 다닐 때 다른 사람들이 자신을 바라보는 시선을 의식하기 때문입니다. 이처럼 사람들은 다른 사람이 자신을 어떻게 보느냐를 중요하게 여깁니다.

명품이 자신의 가치를 대변해 준다고 생각하기 때문에 돈을 아낄 수 없는 것입니다. 사람들은 남보다 좋은 집에 살고, 남보다 비싼 물건들로 몸을 치장하고, 남보다 좋은 차를 타고, 남보다 값비싼 서비스를 받는 것이 자신을 남보다 더 가치 있는 존재로 만들어 준다고 생각합니다.

부유한 사람들은 남들과 차별된 삶을 살면서 '너희들은 나처럼 살 수는 없을 거야. 그러니까 내가 너희보다 더 가치 있는 존재야 라는 식의 생각을 합니다.

서민들은 없는 돈을 털어서라도 부유한 사람들이 가진 것들 중 몇 가지라도 소유하거나, 적어도 남들이 가진 만큼은 가져서 자신들의 존재가치를 증명해야 합니다.

우리 사회는 이미 그 사람이 가진 것들로 그 사람의 가치를 평가하고 있습니다. 남보다 많이 가진 만큼 존재가치가 높아지고, 남보다 가지지 못한 만큼 존재가치의 하락을 경험하게 됩니다. 인간의 존재가치가 물질 아래에 놓이게 된 것입니다. 이것은 인간사회의 가장 극심한 타락의 단계로 볼 수 있습니다.

예수님은 이미 2천년 전에 인간과 물질의 가치가 뒤바뀐 것에 대해 이렇게 지적하고 계십니다.

그러므로 내가 너희에게 이르노니 목숨을 위하여 무엇을 먹을까 무엇을 마실까 몸을 위하여 무엇을 입을까 염려하지 말라 목숨이 음식보다 중하지 아니하며 몸이 의복보다 중하지 아니하냐 공중의 새를 보라 심지도 않고 거두지도 않고 창고에 모아 들이지도 아니하되 너희 천부께서 기르시나니 너희는 이것들보다 귀하지 아니하냐 너희 중에 누가 염려함으로 그 키를 한 자나 더할 수 있느냐 또 너희가 어찌 의복을 위하여 염려하느냐 들의 백합화가 어떻게 자라는가 생각하여 보라 수고도 아니하고 길쌈도 아니하느니라 그러나 내가 너희에게 말하노니 솔로몬의 모든 영광으로도 입은 것이 이 꽃 하나만 같지 못하였느니라 오늘 있다가 내일 아궁이에 던지우는 들풀도 하나님이 이렇게 입히시거든 하물며 너희일까보냐 믿음이 적은 자들아 그러므로 염려하여 이르기를 무엇을 먹을까 무엇을 마실까 무엇을 입을까 하지 말라(마 6:25-31).

이 세상에서 가장 귀한 하나님의 형상

우리의 존재가치는 우리가 소유한 무엇에 있는 것이 아닙니다. 우리 아이가 다른 집 아이들보다 더 좋은 옷을 입고 있다고 해서 더 귀한 존재가 되는 것은 아닙니다. 우리 아이가 옆집 아이보다 싼 신발을 신었다고 더 낮은 존재가 되는 것도 아닙니다. 우리 아이는 하나님의 형상으로 지음 받은 가장 귀하고 아름다운 존재입니다. 이 세상의 그 무엇도 우리 아이들을 더 귀하게 하거나 더 천하게 할 수는 없습니다.

무엇보다 우리는 예수 그리스도의 십자가 앞에서 나의 존재가치를 발견하게 됩니다. 하나님은 우리를 위해 당신의 독생자를 십자가에서 죽게 하셨습니다. 하나님의 독생자 예수께서 우리를 대신해 십자가를 지신 사건은 하나님께서 우리의 존재를 당신의 아들만큼이나 귀하게 여기신다는 사실을 보여줍니다. 예수님 역시 우리를 너무도 귀하게 여기셔서 당신의 생명을 아낌없이 내어주셨습니다.

따라서 우리는 더 이상 자신의 존재가치를 높이거나 확인받기 위해 발버둥 칠 필요가 없습니다. 우리는 이미 귀한 존재입니다. 우리가 가진 어떤 것도 우리를 더 귀하게 만들거나 더 천하게 만들 수 없습니다.

우리에게 온 아이들 또한 알몸으로 태어난 그 순간부터 이미 가장 존귀한 존재입니다. 너무 비싼 옷으로, 물건들로 치장하지 않아도 온 우주보다 더 귀한 아이입니다. 2천년 전 우리에게 찾아오신 아기 예수께서 허름한 마굿간 말구유에 누워 계셨을 때도 귀하신 하나님의 아들이셨듯이, 우리 아이들 역시 어떤 옷을 입고, 어떤 집에 살고, 사람들에게 어떤 대접을 받든지 하나님의 사랑하는 자녀라는 사실은 변하지 않습니다.

우리가 우리의 아이를 그 무엇과도 바꿀 수 없을 만큼 귀한 존재로 여기듯 하나님께서도 우리를 그렇게 여기신다는 사실을 깨닫습니다. 그리고 우리가 언제나 사랑하는 아이 곁에 있고, 어떤 일이 있어도 아이 곁을 떠날 수 없듯이, 하나님께서도 언제나 우리와 함께 계신다는 것을 확신하게 됩니다.

이처럼 하나님의 마음을 아는 자들은 세상의 가치관에 휘둘리지 않습니다. 또한 세상이 요구하는 대로 자녀들을 양육하지 않습니다. 하나님께서 우리의 자녀들을 얼마나 소중히 여기시는지 잘 알기 때문입니다.

우리는 하나님의 마음으로 하나님의 자녀들을 키워야 합니다. 우리도 우리의 자녀들도 모두 하나님의 자녀입니다. 우리는 이 세상에 조금 더 먼저 왔고, 하나님의 사랑을 좀 더 먼저 경험했을 뿐입니다.

우리의 역할은 우리가 먼저 경험한 하나님의 사랑을 우리의 자녀들에게 전해 주는 것입니다. 그렇게함으로써 우리의 자녀들 역시 하나님의 사랑을 깨닫고 하나님을 사랑하는 자녀로 자라가도록 하는 것입니다.

우리가 부모 된 자의 사명을 제대로 감당해 간다면, 우리의 자녀들은 하나님을 사랑하기에 하나님을 기쁘시게 하려는 마음의 소원을 품게 될 것입니다. 그리고 거룩하신 하나님을 닮아가게 될 것입니다.

12장 내 아이는 나의 소유?

자녀들은 부모의 소유물?

우리는 자녀가 독립된 인격체라는 것을 알고 있습니다. 독립된 인격체라는 말은 지성, 감성, 의지가 독립된 존재라는 의미입니다. 그런데 실제로 가정에서 부모들의 모습을 보면 자녀들을 독립된 인격체로 대하지 않는 경우가 종종 있습니다.

부모는 자신들이 자녀보다 많은 것을 알고 있기 때문에 자녀들이 자신의 뜻대로 사는 것이 유익하다고 생각하기도 합니다. 그래서 자녀를 자신의 소유물처럼 생각할 때도 있습니다. 그러나 이러한 생각은 잘못된 것입니다.

소유물이란 주인에게 속한 물건입니다. 소유물엔 인격이 없습니다. 주인은 자기 마음대로 소유물을 처리합니다. 주인이 여기에 갖다 두면 그 자리에 그대로 있습니다. 저기로 자리를 옮기면 또 그냥 그 자리에 있게 됩니다.

소유물은 "난 여기에 있기 싫은데 왜 여기에 두는 거야!" 하고 말하지 않습니다. "난 저기로 갈 거야!" 하고 움직이지도 않습니다. 소유물에는 감정도 의지도 없습니다. 소유물에게는 자신의 삶을 선택할 권한이 없습니다. 그러나 아이들은 소유물이 아니기에 부모가 원하는 대로 살 수 없습니다.

아이들은 감정도 있고, 의지도 있는 하나님의 형상을 닮은 인격체입니다. 그렇기 때문에 혹시 아이가 부모의 지시대로 살고 싶어 하지 않는다면 매우 다행스런 일입니다. 그것은 아이의 정신이 아직 온전하다는 증거입니다. 그러나 부모가 아이의 감정과 의지를 무시하며, 부모가 원하는 삶을 억지로 강요하고 있다면 이것은 부모와 아이 모두에게 매우 위험한 일입니다.

얼마 전 한 고등학생이 자신의 엄마를 칼로 잔인하게 죽인 사건이 있었습니다. 그 학생은 죽은 엄마의 사체를 몇 달 동안 방치한 채 아무 일 없었다는 듯이 학교에 다녔다고 합니다. 심지어 친구들을 집에 데려와 함께 놀기까지 했습니다.

왜 이런 일이 벌어졌을까요?

이 아이의 엄마는 아이가 어릴 때부터 공부를 강요했다고 합니다. 성적이 떨어지면 골프채로 때리고 방에 가두며, 밥도 주지 않았다고 합니다. 아이는 자신의 삶을 철저하게 통제 당한 채 엄마가 시키는 공부만 하며 살아야 했습니다. 이 과정에서 아이의 인격이 파괴되어 갔고 급기야는 자기를 낳아 준 엄마를 살해하는 불행한 사건이 벌어지게 되었습니다.

물론 이것은 극단적인 예일 수 있습니다. 그러나 삶에 대한 선택권을 박탈당한 채 공부만을 강요당한 아이의 인격이 얼마만큼 처절하게 황폐해질 수 있는지 보여주는 안타까운 사건입니다.

선택권을 박탈당한 아이들

청소년기는 인생의 아름다운 시절이라고 합니다. 친구들과 마음껏 놀며 자신의 정체성을 확립해 나가야 할 시기입니다. 아이들은 이 시기 동안 자아 확립과 미래에 대한 꿈을 키워 나가야 합니다.

그런데 우리 아이들을 보면 그리 아름답거나 행복한 삶을 살고 있는 것 같아 보이지 않습니다. 안타깝게도 꽃 같은 아이들이 아파트 옥상에서 자기의 몸을 내던지며 생을 포기하고 있습니다.

도대체 우리 아이들에게 무슨 일이 벌어지고 있는 것일까요?

저는 스스로 자기의 삶을 포기하는 아이들을 보면서 이것은 자살이 아닐 수 있다라는 생각을 하게 됩니다.

가만 생각해 보면 무엇인가 좀 이상하다는 것을 알 수 있습니다. 학업에 대한 부담 때문에 자살한 아이들이 있습니다. 그런데 이 아이들은 왜 '난 이제 도저히 힘들어서 못하겠다', '공부 아닌 다른 길을 찾아 봐야겠다'는 생각을 못한 것일까요? 이 사회가 아이들에게 공부 아닌 다른 것을 선택할 기회를 박탈했기 때문입니다.

왕따나 학교폭력을 견디다 못해 자살을 선택한 아이들도 마찬가지입니다. 이들은 죽음보다 더한 고통이 기다리고 있는 학교에 매일 등교해야 했습니다. 이들은 왜 부모님에게 말하지 못하고, 죽음을 선택해야 했을까요?

이들 역시 학교에 가지 않을 선택권을 박탈당했기 때문입니다. 이들이 자살을 선택할 수밖에 없었다면 그것은 이 사회가 아이들을 죽음으로 내몬 것입니다.

우리나라 부모들만큼 자녀들에게 헌신하는 부모도 없을 것입니다. 자녀를 위한 일이라면 무엇이든 아끼지 않습니다. 그런데 자신들이 자녀를 위해 헌신하는 만큼 자녀는 부모가 원하는 삶을 살아야 한다고 생각합니다.

우리 아이들은 악기를 배우는 것조차도 자신의 선택이 아닐 때가 있습니다. 악기 하나쯤은 배워 두어야 한다는 부모의 강요로 인해 시작합니다. 아이에게 피아노를 배우는 것이 즐거움은커녕 오히려 고통을 가져다주는 일이 되어도 아이는 부모의 결정에 따라 억지로라도 배울 수밖에 없을 때가 있습니다.

친구를 사귀는 것조차 본인의 선택이 아닌 부모의 선택에 의해 이루어집니다. 가정 형편이 넉넉한 집은 패밀리 레스토랑에서 일 인분에 몇 만원하는 스테이크를 시켜놓고, 아이의 생일잔치를 합니다.

초대받은 아이들은 대개 가정형편이 비슷한 아이들입니다. 초대에 참석 했던 아이들도 나중에 비슷한 수준의 레스토랑에서 자기를 초대했던 친구를 불러 생일잔치를 합니다. 아이들은 뛰어 놀다가 친구를 사귀는 것이 아니라 엄마가 선별해서 초대해 준 아이들과 친구가 되는 것입니다.

거의 모든 부모들은 자녀가 공부를 잘해야 한다고 생각합니다. 그러나 거의 모든 아이들이 공부를 지겨워합니다. 아이들은 부모가 먹여 주고 입혀 주는 대가로 하고 싶지 않은 공부를 해야 합니다.

아이들은 왜 해야 하는지도 모르는 공부를 하는 동안 자신들이 무엇을 좋아하고, 무엇을 하고 싶은지 찾을 기회를 잃게 됩니다. 결국 무엇을 하고 싶다는 의욕마저 상실해 가고 있습니다. 그래서 그들이 무엇을 하면서 살아가야 할지도 부모가 정해 주어야 합니다. 애당초 아이가 하고 싶은 것이 없기 때문에 전망 있는 직업을 부모가 찾아 주어야 합니다.

이렇게 아이들은 독립된 인격체로서의 삶을 잃어버렸습니다. 인격은 고사하고 사람답게 사는 삶조차 빼앗겨 버린 것 같습니다. 부모들이 아이들의 삶을 가져가 버렸습니다. 자기 삶을 부모에게 빼앗긴 아이들은 방황하고 있습니다. 아이들은 자기들이 왜 사는지도 모릅니다. 아이들은 행복하지 않습니다.

경쟁을 부추기는 세상

부모들이 이와 같이 아이를 자신들의 소유물처럼 생각하고 아이의 선택권을 박탈해 가며 키우는 데는 그럴만한 이유가 있습니다. 자신의 아이가 경쟁에서 승리하는 것만이 행복한 삶을 살 수 있는 길이라고 믿기 때문입니다. 경쟁에서 이기지 못하면 고통스러운 삶을 살 수 밖에 없다고 생각하는 것입니다. 그것이 현실이기 때문에 좋든 싫든 경쟁에서 살아남아야 한다고 말합니다.

그러나 세상을 만드신 분은 원래 세상을 그렇게 만들지 않으셨습니다. 하나님이 만드신 세상은 아름다운 곳이었습니다. 하나님은 당신께서 지으신 모든 것을 보시고 "심히 좋았더라"고 말씀하셨습니다(창 1:31). 그런데 사람들은 하나님의 아름다운 세상을 경쟁에서 이긴 소수만 인간다운 삶을 보장받을 수 있는 참혹한 세상으로 바꾸어 버렸습니다.

타락한 세상은 언제나 돈과 권력이 소수에게 집중되어 왔습니다. 그리고 돈과 권력을 가진 소수의 집단은 자신들의 기득권을 유지하기 위해 무력이나 그 밖의 다른 방법을 사용했습니다. 그들의 마음을 움직이는 존재는 바로 사탄입니다.

사탄의 가장 강력한 무기는 바로 거짓된 가치관입니다. 사탄은 사람들을 조종하기 위해 사람들의 마음 속에 거짓된 가치관을 심어 놓습니다. '돈보다 사람이 귀하다' 는 것이 바른 가치관입니다. 그러나 사탄은 '돈을 위해서 사람을 희생시킬 수 있다' 는 거짓된 가치관을 심어 놓았습니다. 사탄은 예외없이 부모들의 마음속에도 거짓된 가치관을 심어 주었습니다. 그것은 '경쟁에서 이기지 않으면 살아 남을 수 없다' 는 거짓입니다. 사탄은 부모의 마음에 이렇게 속삭입니다.

"봐라, 능력 있는 사람이 모든 것을 갖게 되는 거야. 네가 이기면 너에게 진 사람들 보다 가치 있는 사람이 되는 거야. 네가 더 가치 있는 존재이기 때문에 더 많이 갖는 게 당연해. 언제나 소수만이 좋은 것을 누릴 수 있단다. 네가 경쟁에서 지면 비참한 삶을 살게 될 거야. 하지만 네가 실패하더라도 한 번의 기회가 더 있어. 네 자녀를 승자로 만들어 봐."

이러한 사탄의 거짓말에 속고 있는 부모들은 자녀에게 이렇게 가르칩니다.

"일등이 되어야 한다. 승자가 모든 것을 다 가질 수 있다."

"친구들과 경쟁해서 이기지 않으면 살아남을 수 없다."

사람들은 경쟁하며 사는 삶에 아무런 문제가 없다고 믿게 되었습니다. 이것이 세상의 질서라고 느끼기 때문입니다. 그리고 이렇게 왜곡된 세상의 질서가 잘못되었다는 의심을 하지 않고, 그저 내 아이를 성공시키기 위해 몰아가고 있습니다.

하나님의 나라, 그 진정한 삶의 목적인 사랑

하나님 나라의 진정한 목적은 서로 사랑함에 있습니다. 십자가의 사랑을 통해 사랑을 배워가는 것입니다. 이것이 진정한 우리 삶의 목적입니다. 사랑을 통해 헌신을 배웁니다. 헌신을 통해 거룩을 배우게 됩니다. 이것이 진정한 하나님 나라의 본질입니다. 이 본질을 배워가는 것이 진정한 삶의 목적입니다.

그런데 언제부터인가 교회에서조차 경쟁에서 이긴 아이가 뛰어난 아이라고 가르치고 있습니다. 경쟁력 있는 유능한 아이가 하나님의 영광을 드러내는 것이라고 가르치면서 다음과 같이 말하곤 합니다.

"하나님께 영광을 돌리려면 성공해야 한다. 하나님을 잘 믿는 사람은 좋은 대학에 가고, 좋은 직장과 높은 사회적 지위를 얻을 수 있다. 사람들에게 인정받는 위치에 서야 하나님께 영광이 된다. 하나님께 축복을 받고, 많은 헌금을 해야 한다. 이것이 하나님께 영광을 돌리는 것이다."

심지어 교회에서 세운 대안학교들 조차 자랑으로 내세우는 것 역시 일류대 입학률입니다. 상처 입은 어린 영혼들은 가정과 학교, 그리고 교회에서도 설 자리가 없어진 것 같습니다.

그러나 우리는 하나님의 사랑을 통해서 사탄이 세상 사람들의 마음 가운데 심어 놓은 거짓된 가치관을 분별할 수 있는 지혜를 얻습니다.

우리는 자녀들이 공부 못한다고 걱정할 필요 없습니다. 공부 못하는 내 아이에게 이렇게 말해주십시오.

"얘야! 공부 못해도 괜찮아. 하나님은 공부 잘하는 아이가 아니라 하나님을 사랑하는 아이를 들어 쓰신단다."

우리 아이가 잘하는 것 하나 없어 보인다고 염려할 필요 없습니다. 부족한 내 아이에게 이렇게 말해 주십시오.

"얘야! 하나님은 능력이 뛰어난 아이를 찾으시는 것이 아니라 하나님께 순종할 준비가 된 아이를 찾으신단다. 네가 하나님께 순종하기만 하면 필요한 능력은 하나님께서 주실 거야."

혹시 내 아이가 하나님의 은혜로 재능이 많거나 공부를 잘한다면 이렇게 말해 주십시오.

"아이야, 너에게 재능을 주신 분이 하나님이신 것을 기억해라. 네가 하나님께 받은 능력으로 너보다 약한 사람들을 섬기는 것이 하나님의 뜻이란다. 그리고 네가 하나님께 받은 능력으로 얻은 것들을 너 혼자만을 위해 누려서는 안 된다."

우리의 모든 자녀들은 하나님의 소유입니다. 공부를 잘하든 못하든, 잘하는 게 있든 없든, 하나님은 그들을 똑같이 사랑하십니다. 하나님은 그분의 나라를 이루는데 모든 자녀들을 들어 쓰실 것입니다.

그리고 모든 자녀들에게 똑같은 상급을 주실 것입니다. 이것이 바로 우리가 아버지 되신 하나님을 사랑하는 기쁨입니다. 우리의 자녀들이 세상에 있는 그 어떤 것과 비교할 수 없고, 바꿀 수 없는 기쁨을 누리게 되기를 기도합니다.

13장 진정한 전인교육이란?

우리의 전인교육

서울대학교 교육연구소에서 발간한 교육학 용어사전에 의하면 전인교육이란 '지·정·의(知情意)가 완전히 조화된 원만한 인격자를 기르는 것을 목적으로 하는 교육'을 말합니다.

우리나라에서 교육 받고 성장한 사람들은 '전인교육'이란 단어를 많이 들어 보았을 것입니다. 거의 대부분의 학교 교육목표에 빠지지 않고 등장하는 단어이기도 합니다. 어떤 학교도 "우리는 문제해결 능력만을 강조합니다. 우리는 아이들의 감정과 의지는 무시하고 가르칩니다"라고 말하지 않습니다.

그런데 실제로 사람들에게 "당신은 전인교육을 받았다고 생각하십니까?" 라는 질문을 하면 과연 어떤 대답이 나올까요? 아마 이 글을 읽고 계신 독자분들은 대부분 "아니요" 라고 대답 할 것입니다.

우리나라는 전인교육을 하겠다고 말해왔습니다. 그러나 거의 대부분 전인교육을 경험하지 못하는 것이 현실입니다. 그리고 이렇게 이상한 교육 현실은 지금도 여전히 반복되고 있는 실정입니다.

이것은 이 사회가 위에서 언급한 교육의 목표대로 지, 정, 의가 조화된 원만한 인격자를 길러내는 것을 목표로 하고 있지 않다는 것입니다.

학교는 전인교육을 목표로 하고 있다고 말하면서 실제로는 전혀 다른 목표로 아이들을 교육하고 있습니다. 학부모들은 학교에서 전인교육이 이루어지지 않을 것이라는 사실을 분명히 알고 있으면서도 이의를 제기하지 않습니다. 우리 사회는 이 두 존재가 공생관계를 이루고 있습니다.

우리 사회가 암묵적으로 동의하고 있는 대전제는 "이 사회가 필요로 하는 인간을 만들어 내는 것" 이 실질적인 교육의 목적이라는 것입니다.

여기에 대해 "그게 뭐 잘못되었나요? 아이가 사회에 필요한 인간으로 성장해야 하는 것 아닙니까?" 라고 반문하시는 분들이 계실 것입니다. 그러나 지금 우리에게는 "이 사회가 과연 올바른 방향으로 가고 있는가?" 라는 질문이 먼저 필요합니다. 만약 이 사회가 잘못된 방향으로 가고 있다면, 이 사회가 필요로 하는 인간을 만들어 낸다는 것이 무엇을 의미하는 것인지 깊이 성찰해 보아야 할 필요가 있습니다.

물질적 풍요가 전부인가?

우리나라는 해방 후 지금까지 한 방향으로만 나아가고 있습니다. 그것은 물질적 풍요를 향한 행진입니다. 우리는 가난했고, 그 가난을 벗어나기 위해 열심히 살아왔습니다. 그 결과 지금은 물질적으로 풍요로운 시대가 되었습니다.

그러나 지금도 이 시대를 살아가는 사람들은 과거와 동일한 마음상태를 가지고 살고 있습니다. 지금보다 좀 더 풍요롭고, 안락한 삶을 누려야 한다는 것입니다. 과거에 비해 엄청난 양의 물질을 소비하고, 비교할 수 없이 안락한 삶을 누리고 있지만, 그 마음은 전혀 만족을 누리지 못하고 있다는 것입니다.

행복을 위해 좀 더 많은 물질이 필요하다는 마음이 바뀌지 않는 한, 아마 지금보다 더 큰 풍요를 누리게 되더라도 우리는 정신적인 불만족 상태에서 벗어나지 못할 것이 분명합니다. 이런 정신적 상태는 먹어도 먹어도 배고픈 상태를 벗어날 수 없는 아귀지

옥을 연상케 합니다.

여기서 우리는 이러한 흐름의 방향을 주도하고 있는 어떤 보이지 않는 거대한 영향력이 있다는 것을 알아야 합니다. 그 거대한 영향력은 잘못된 방향으로 향하는 이 사회가 그 방향을 바꾸지 못하도록 하고 있습니다. 그 힘은 이런 사회의 흐름에 아무런 문제의식을 느끼지 못한 채 순응하며 살아가는 다음세대를 길러 내게 될 것입니다.

돈이 지배하는 교육

이해가 빠른 독자라면 우리를 지배하고 있는 힘은 바로 물질, 곧 돈이라는 것을 눈치 채셨을 것입니다. 과거에는 돈으로 살 수 없는 것들이 존재했었습니다. 그러나 지금은 돈으로 거의 모든 것을 살 수 있게 되었습니다.

우리에게 「정의란 무엇인가」의 저자로 잘 알려진 하버드의 마이클 샌델(Michael J. Sandel)교수는 그의 저서 「돈으로 살 수 없는 것들」에서 다음과 같이 지적하고 있습니다.

사고 판다는 논리가 더 이상 물질적 재화에만 적용되지 않고 점차 현대인의 삶 전체를 지배하기 시작했다(2013:23).

그의 지적대로 돈은 이제 더 이상 물건을 사고팔기 위한 하나의 수단이나 도구에 머물지 않고, 인간의 삶 전체를 지배하게 되었습니다. 교육의 영역 또한 예외가 아닙니다.

여러 교육학적 논의를 제쳐 두고, 교육의 목적이란 간단히 말해, 인간으로서 마땅히 추구해야할 가치를 따라 사는 인간을 길러내는 것이었습니다. 인간으로서 마땅히 추구해야할 가치에는 선, 진리, 정의, 사랑, 헌신, 희생, 공존과 같은 것이 있습니다. 여기에는 돈이 포함되지 않습니다.

그러나 인간의 역사 이래로 수천 년간 지켜왔던 이런 신념이 불과 수십 년 사이에 무너져 버렸습니다. 이제는 인간으로서 마땅히 추구해야할 가치 맨 앞에 돈이 자리하게 되었습니다. 지금까지 인간이 중요하게 여겨왔던 다른 가치들은 돈보다 중요하지 않게 되었습니다. 돈을 위해서라면 얼마든지 버려질 수 있는 것들로 전락하게 된 것입니다.

물론 어떤 부모나 교사도 학생들에게 "돈이 가장 중요한 것이다" 라고 노골적으로 가르치지는 않습니다. 또한 오늘날 아이들이 학교에서 배우고 있는 교과 과정과 교육내용들 그 자체에 심각한 결함이 있는 것도 아닙니다. 문제는 그것들을 가르치고 평가하는 방식이나, 성적이 좋은 학생들을 선별해 내는 목적이 무엇인가 하는 것입니다.

소위 능력 있는 학생을 선별해 내기 위해 대한민국의 모든 학생들에게 똑같은 내용의 교과과정을 강요하고, 등수를 매기는 이유가 무엇일까요? 간단합니다. 그것은 이 사회의 물질적 부를 생산해낼 수 있는 인적자원을 선별해 내기 위한 것입니다. 그렇게 선별된 인적자원을 독점할 수 있는 자들은 이 사회의 자본을 독점하고 있는 소수입니다. 그들은 이런 방식으로 그들이 소유한 부를 늘려가며, 자신들의 기득권을 유지 강화시켜 가고 있는 것입니다.

세상의 통치자 예수 그리스도

물질의 영향력을 거슬러 이 세상과 교육의 방향을 바로 잡으려면 돈보다 더 큰 힘이 필요합니다. 돈보다 더 큰 힘을 가진 분은 하나님 밖에 없습니다. 이 세상의 권좌에서 돈을 끌어 내리실 분은 오직 하나님 한 분이십니다.

하나님께서는 이미 예수 그리스도를 통해 하나님께서 다스리시는 나라가 이 땅에 임하게 하셨습니다. 누가복음은 이 사실을 다음과 같이 전하고 있습니다.

> 예수께서 그 자라나신 곳 나사렛에 이르사 안식일에 자기 규례대로 회
> 당에 들어가사 성경을 읽으려고 서시매 선지자 이사야의 글을 드리거늘

책을 펴서 이렇게 기록한 데를 찾으시니 곧 주의 성령이 내게 임하셨으니 이는 가난한 자에게 복음을 전하게 하시려고 내게 기름을 부으시고 나를 보내사 포로된 자에게 자유를, 눈먼 자에게 다시 보게 함을 전파하며 눌린 자를 자유케 하고 주의 은혜의 해를 전파하게 하려 하심이라 하였더라 책을 덮어 그 맡은 자에게 주시고 앉으시니 회당에 있는 자들이 다 주목하여 보더라 이에 예수께서 저희에게 말씀하시되 이 글이 오늘날 너희 귀에 응하였느니라 하시니(눅 4:16-21).

하나님은 예수 그리스도를 통해 이 세상의 통치권을 회복시키셨습니다. 이 세상의 진정한 주인이요, 통치자는 바로 예수님이십니다. 하나님의 나라는 이미 믿는 성도들 안에 임했습니다. 예수님과 함께 사는 사람이 곧 하나님의 나라인 것입니다.

우리는 예수께서 인용하신 이사야의 말씀을 통해 이 땅에 임한 하나님의 나라가 어떠한 모습인지 알 수 있습니다. 예수님께서 말씀하신 하나님 나라는 가난한 사람들이 복음을 듣고, 포로 된 사람들이 자유케 되며, 못 보는 사람들이 다시 보게 되며, 억눌린 사람들이 해방되는 나라입니다. 그런데 예수님께서 그런 삶을 살 수 있도록 하나님의 영이 예수님께 내리셨고, 하나님께서 기름 부으셨다고 전하고 있습니다.

우리 안에 임하는 하나님의 나라 역시 이와 동일한 과정을 거쳐 이루어집니다. 우리는 성령을 통해 기름부음을 받고, 예수님과 함께 가난한 사람들, 포로 된 사람들, 못 보는 사람들, 억눌린 사람들에게 찾아 갑니다.

우리는 하나님의 나라가 이 세상 사람들이 원하는 그런 나라가 아님을 알 수 있습니다. 하나님의 나라는 갖고 싶은 모든 것을 다 살 수 있을 만큼 부자가 되는 나라가 아닙니다. 달력에서 보는 멋진 휴양지와 같은 곳이 아닙니다. 많은 사람들에게 환영받고 인정받는 자리가 아닙니다. 하나님의 나라는 가난한 사람들, 포로 된 사람들, 못 보는 사람들, 억눌린 사람들이 있는 곳이며, 그 곳에 예수님께서 함께 계신 나라입니다.

전인교육이란 예수께서 계신 그 곳에 함께 있는 것

많은 부모들이 자식교육을 위해 눈물겨운 헌신을 합니다. 자녀의 학원비를 벌기 위해 원치 않는 부업을 하는 엄마들, 처·자식을 먼 이국땅에 보내놓고 혼자 사는 기러기 아빠들, 이런 저런 모습으로 자녀들을 위한다는 명분으로 원치 않는 삶을 살고 있는 부모들이 많습니다. 그러나 이러한 노력과 헌신이 과연 자녀들을 온전한 인격을 가진 사람으로 성장하게 할 수 있는지 의문입니다.

부모들은 자녀가 자신의 삶보다 좀 더 나은 삶을 살기를 바랍니다. 그런데 사람들이 생각하는 나은 삶이란 물질적인 풍요나 인정받는 삶 등을 의미합니다. 만약 예수님께서 우리에게 이루시려 했던 하나님의 나라가 그런 것이었다면 우리가 성경에서 보게 되는 예수님의 삶은 없었을 것입니다.

예수님은 언제나 낮은 곳으로 가셨습니다. 높고 높은 하늘 보좌를 버리시고 이 낮은 땅까지 내려 오셨습니다. 가난한 사람들, 병자들, 장애인들, 소외된 사람들, 갈 곳 없는 사람들, 버림받은 사람들, 복음을 들을 수 없는 사람들을 찾아 가셨습니다. 그리고 예수님은 지금도 그들과 함께 계십니다.

우리가 자녀들을 온전한 사람으로 키울 수 있는 유일한 길은 우리 자신이 예수님께서 계신 그곳에 서 있는 것입니다. 우리가 서 있는 그곳에 우리의 자녀들도 함께 있을 것입니다. 그곳은 예수님이 계신 곳입니다.

예수님과 함께 하는 일은 생각처럼 어렵지만은 않습니다. 길을 가다 우연히 만난 장애우를 힐끔 곁눈으로 쳐다보고 그냥 지나치는 대신 웃는 얼굴로 따뜻한 말 한마디 건네는 일입니다.

주말 저녁 혼자 사시는 어르신을 찾아가 따뜻한 밥 한 끼 대접하는 것, 주말마다 가족과 함께 여행을 떠나는 대신 일 년에 한 번은 '사랑의 집짓기 운동' 에 참여 하는 것, 습관적으로 시켜 먹는 치킨, 피자 한 번 덜 먹고 가난한 나라의 아이를 후원하는 것 모두 예수님과 함께 하는 일입니다. 그리고 그 자리에 우리의 자녀가 함께 있을 수 있다면 우리의 자녀들은 온전한 사람으로 성장해 갈 수 있을 것입니다.

우리는 예수님께서 부자 청년에게 말씀하셨듯이 "네 재산을 모두 팔아서 가난한 사람들에게 나누어 주고 나를 따르라"고 말씀하실까 걱정합니다(마 19:21). 오지에 가서 선교사가 되라고 말씀하실까봐 우리의 진로에 대해 예수님께 아예 묻지도 않습니다. 그러나 걱정하지 마십시오. 예수님은 그런 걱정과 두려움에 사로잡힌 사람에게 자기의 뜻을 강요하시는 분이 아닙니다.

예수님께서 우리에게 먼저 요구하시는 것은 삶의 방향전환입니다. 나의 욕구충족을 위해 계획된 삶을 버리는 것입니다. 내 자녀가 내가 원하는 삶을 살도록 만들려는 나의 의지를 내려놓는 것입니다. 물론 이것은 나의 노력으로 할 수 있는 일이 아닙니다. 성령님께서 내 안에 임재 하실 때 가능한 일입니다.

예수님과 함께 하는 아름다운 여행

우리는 가까운 곳에서 얼마든지 예수님과 함께 할 수 있습니다. 그러나 때로는 예수님께서는 우리가 전혀 예상치 못하거나 계획하지 않았던 곳으로 우리를 부르시기도 합니다. 예수님께서 가시기 원하시는 곳으로 우리를 초청하시는 것입니다.

예수님께서 혼자 가시지 않고 우리와 함께 가시기 원하십니다.

우리는 예수님께서 우리의 손을 잡고 함께 가시려는 그곳이 어떤 곳인지 알지 못합니다. 그곳이 지금 있는 곳보다 더 풍요로운 곳인지 궁핍한 곳인지 알 수 없습니다. 혹은 더 안전한 곳인지, 위험한 곳인지는 중요하지 않습니다. 중요한 것은 예수님과 함께라면 그곳이 어떤 곳이든 상관없다는 것입니다. 우리의 진정한 평안과 만족이 바로 예수님과 함께 있는 것이기 때문입니다.

이용규 선교사님은 그의 저서 「내려놓음」에서 자신의 경험을 통해 이런 진리가 너무나 자연스러운 것임을 말하고 있습니다. 선교사님 부부는 몽골선교 준비로 어린 아들 동현이를 할머니께 잠시 맡겨 두고 각기 다른 곳으로 사역을 떠났습니다. 며칠 뒤 선교사님이 볼 일을 마치고 동현이를 찾아 왔을 때 동현이는 엄마와 헤어진 충격으로 마음이 매우 불안정한 상태였습니다. 선교사님은 동현이에게 황량한 사막 사진을 보여 주었습니다. 그것은 몽골여행에 대한 가이드북에 실린 사진이었습니다.

선교사님은 동현이에게 물었습니다.

"너 여기에 가고 싶니?"

동현이는 가지 않겠다고 대답했습니다. 선교사님은 다시 물었습니다.

"여기에 엄마가 있는데도?"

동현이는 조금도 고민하는 기색 없이 바로 대답했습니다.

"나도 여기에 갈거야."

동현이에게 중요한 것은 그곳이 어떤 곳이냐가 아니라 그 곳에 가면 엄마를 만날 수 있다는 사실이었습니다.

우리가 예수님께서 부르시는 곳으로 선뜻 나서지 못하는 이유는 동현이가 엄마를 사랑하는 만큼 예수님을 사랑하지 않기 때문입니다. 우리는 예수님의 부르심에 순종하면 지금 누리고 있는 것들을 포기해야 할 지 모른다는 두려움에 사로잡혀 있습니다. 그러한 두려움은 예수님과 함께 하는 것보다 지금 누리는 안락함을 더 사랑하기 때문입니다. 그것은 예수님을 진심으로 사랑하지 않는다는 증거이기도 합니다.

세상에 있는 무엇이 엄마를 사랑하는 동현이의 마음에 방해가 될 수 없는 것은 그 아이의 사랑이 진실하기 때문입니다. 진실한 사랑은 무엇으로도 끊을 수 없습니다. 누구보다 예수 그리스도를 사랑했던 사도 바울은 이렇게 고백하고 있습니다.

누가 우리를 그리스도의 사랑에서 끊으리요 환난이나 곤고나 핍박이나 기근이나 적신이나 위험이나 칼이랴 기록된 바 우리가 종일 주를 위하여 죽임을 당케 되며 도살할 양같이 여김을 받았나이다 함과 같으니라 그러나 이 모든 일에 우리를 사랑하시는 이로 말미암아 우리가 넉넉히 이기느니라 내가 확신하노니 사망이나 생명이나 천사들이나 권세자들이나 현재 일이나 장래 일이나 능력이나 높음이나 깊음이나 다른 아무 피조물이 라도 우리를 우리 주 그리스도 예수 안에 있는 하나님의 사랑에서 끊을 수 없으리라(롬 8:35-39).

우리가 자신에게 진지하게 던져야할 질문은 '내가 가진 것을 포기하고 주님을 따를 수 있을까?' 라는 질문이 아니라 '나는 예수님을 진심으로 사랑하고 있는가?' 입니다. 만약 이러한 질문에 주저함 없이 '그렇다' 라고 대답할 수 없다하더라도 우리는 절망할 필요가 없습니다.

한 아이가 엄마를 진실 되게 사랑할 수 있는 것은 그 아이의 노력의 결과가 아니라 엄마의 사랑을 경험한 결과이듯, 우리가 아버지 하나님과, 예수님을 사랑하는 것 역시 우리의 노력이 아닌 아버지 하나님의 사랑을 경험하는 것에 달려 있기 때문입니다.

그렇다면 우리가 해야 할 기도가 무엇인지 분명해 집니다.

"나의 하나님, 나의 아버지, 제가 아버지의 사랑을 더 온전히, 더 깊이, 더 순수하게 경험할 수 있도록 저에게 은혜를 베풀어 주시옵소서. 저를 사랑하신 아버지의 사랑을 있는 그대로 느낄 수 있도록 도와주시옵소서."

우리가 하나님 아버지의 사랑을 경험하고 나면 예수님과 함께 하는 아름다운 여행이 시작됩니다. 그리고 그 아름다운 여정 가운데 그분 앞에 다음과 같은 찬양을 눈물로 드릴 수 있을 것입니다.

세상을 구원하기 위해 흘려야 할 피가 필요하다면
죄인을 대신하기 위해 희생의 제물 필요하시다면
내 생명 제단 위에 드리니
주 영광 위해 사용하소서

생명이 또 다른 생명 낳고 주님 볼 수 있다면
나의 삶과 죽음도 아낌없이 드리리
죽어야 다시 사는 주의 말씀 믿으며
한 알의 밀알 되어 썩어지리니
예수님처럼 살아가게 하소서

천관웅 목사의 '밀알' 중에서...

부록 : 하나님이 주신 음식을 먹여라

자녀를 향한 부모의 바람

건강한 아이를 출산하기 바라는 것은 모든 부모의 마음일 것입니다. 그런 부모들의 바람대로 건강하게 태어난 아이도 있지만, 신생아 때부터 잦은 병치레로 부모의 마음을 아프게 하는 허약한 아이도 있습니다. 그렇게 보면 건강은 타고나는 것처럼 보이기도 합니다.

물론 부모는 건강한 아이를 출산하기 위해 많은 노력을 기울여야 합니다. 그러나 건강하게 태어난 아이가 커가면서 큰 병에 걸릴 수도 있고, 약하게 태어난 아이가 건강해 질 수도 있습니다.

아이가 태어난 후에 어떤 삶을 살아가느냐에 따라 몸이 약해지기도 하고 건강해 지기도 합니다. 그렇다면 아이의 건강은 선천적인 요인보다 후천적인 요인이 더욱 큰 영향을 미친다고 볼 수 있습니다. 아이의 건강에 영향을 미치는 요소가 여러 가지이지만 가장 큰 영향을 미치는 요소는 바로 아이가 먹는 음식입니다. 건강하게 태어난 아이라도 몸에 좋지 않은 음식을 지속적으로 먹게 되면 몸이 병들게 됩니다. 약하게 태어났어도 몸에 좋은 음식을 꾸준히 먹는다면 건강해지게 됩니다.

좋은 음식이 건강한 세포를 만든다

사람의 몸은 수십조 개의 세포로 이루어져 있습니다. 우리의 몸을 이루는 그 많은 세포들은 제 각각 그 기능과 역할을 하고 있기 때문에 우리가 생명을 유지할 수 있는 것입니다. 만약 우리 몸의 세포들이 제 기능과 역할을 하지 못한다면 몸이 병들고 결국 죽음을 맞이하게 될 것입니다.

물론 우리 몸은 영원히 살 수는 없습니다. 그러나 우리 몸의 세포들이 제 기능을 다 하는 동안은 건강하게 살 수 있습니다. 우리가 일일이 의식하지 못하는 가운데 우리의 몸은 체온을 유지하고, 심장이 뛰고, 혈액이 이동하며, 숨을 쉬는 등의 일을 멈추지 않습니다. 적절한 영양이 공급되기만 하면 우리의 몸은 스스로 그 생명을 유지해 나가는 것입니다.

우리가 살고 있는 주변 환경에는 수많은 세균과 바이러스들이 존재합니다. 우리는 그러한 유해한 미생물들이 우리를 병들게 하는 원인이 될 수 있다는 것을 알고 있습니다. 그래서 자주 손을 닦고, 양치를 하고 몸과 주변 환경을 청결하게 관리하려고 노력합니다.

　그러나 아무리 청결한 환경을 만들기 위해 소독하고 청소해도 지구 전체를 바이러스와 박테리아가 없는 세상으로 만들 수는 없습니다. 그렇다고 유리로 만들어진 무균실에 들어가 평생을 살 수도 없습니다.

　사실 우리 주변에 유해한 미생물이 존재함에도 불구하고 우리는 병에 걸려 죽지 않고 생명을 유지하며 살아가고 있습니다. 그게 가능한 이유는 바로 우리의 몸을 구성하는 세포가 그러한 유해한 미생물들로부터 우리를 보호하는 기능을 하고 있기 때문입니다.

　외부의 침입자로부터 우리의 몸을 스스로 보호하는 이러한 기능을 바로 면역기능이라고 부릅니다. 건강한 사람의 몸은 이러한 면역기능이 제대로 작동하고 있기 때문에 쉽게 병에 걸리지 않을 뿐만 아니라 병에 걸려도 이겨내는 힘이 강합니다.

　몸이 건강하다는 것은 우리 몸을 이루는 세포들이 제 기능을 잘 해내고 있다는 말입니다. 건강한 세포들이 모여 건강한 몸을 이루게 되는 것입니다. 몸이 약하다는 것은 그 몸을 이루는 세포들이 부실하다는 말입니다. 그런데 우리 몸의 세포들은 끊임없이 죽고 새롭게 만들어지기를 반복하면서 몸 전체의 생명을 이어갑니다. 대략 3개월의 주기로 우리 몸의 모든 세포가 새롭게 교체된다고 합니다.

건강한 세포가 죽고 약한 세포가 생성되기도 하고, 약한 세포가 죽고 건강한 세포들이 생성될 수도 있습니다. 그렇다면 건강을 유지할 수 있는 비결이란 새롭게 교체되는 세포들을 건강한 세포로 만들어 낼 수 있도록 하는 것입니다. 이것은 얼마든지 가능한 일입니다.

좋은 음식만이 건강한 세포를 만들 수 있습니다. 따라서 몸에 좋은 음식을 먹는 것이 바로 건강의 비결이라 할 수 있습니다. 몸에 좋은 음식을 먹으면 우리 몸의 세포들이 자기에게 주어진 역할과 기능들을 정상적으로 수행할 수 있게 됩니다. 또한 외부의 침입자로부터 자기의 몸을 보호하는 방어기능도 제대로 작동하게 됩니다.

몸을 크게 하는 음식, 과연 좋은 음식일까?

요즘 아이들은 과거세대와 비교하면 키와 몸무게가 많이 늘었습니다. 그러나 현재 아이들의 건강상태가 과거보다 더 나아졌다고 말할 수는 없습니다. 과거에는 뼈가 부러지거나 심각한 외상을 당한 경우가 아니면 거의 병원에 가지 않았고 약도 먹지 않았습니다. 그렇게 병원과 약이 없이도 건강하게 성장할 수 있었습니다.

그러나 요즘은 주말이 되면 소아과는 북새통을 이룹니다. 아이들은 가을 환절기부터 겨우내 감기를 달고 삽니다. 감기, 중이염, 아토피, 천식 등으로 고생하는 아이들이 날이 갈수록 늘어가고 있습니다.

소아당뇨병이나 소아암과 같은 중증질병도 증가 추세에 있습니다. 물론 조금만 감기기운이 있거나 열이 나도 병원을 찾는 시대적 경향성을 감안 하더라도 아이들은 분명 과거보다 더 크고 작은 질병에 시달리고 있습니다.

과거에 비해 영양상태가 좋은 아이들이 더 많은 질병에 시달리고 있는 현실이 말해주는 것은 무엇일까요? 어쩌면 아이들의 키와 몸무게를 늘려 주는 음식들과 아이들의 질병과는 어떤 상관관계가 있을지도 모릅니다.

과거에는 동양인과 서양인의 신체적 특징이 분명했습니다. 피부색과 얼굴의 생김새뿐만 아니라 신장과 체형이 크게 달랐습니다. 서양인은 키와 골격이 크고 비대한 체형이 많은 반면 동양인들은 키와 골격이 왜소하고 체형도 마른 사람들이 많았습니다. 동양인과 서양인의 이러한 신체적 특징들은 유전자뿐만 아니라 먹는 음식에서 기인한 것이라고 볼 수 있습니다.

서양인들이 상대적으로 키와 골격이 크고 비대한 것은 그들이

고기와 유제품, 그리고 정크 푸드(고열량 저영양 음식)라고도 불리는 패스트푸드를 많이 먹기 때문입니다. 반면 동양인들의 왜소한 체형은 채식중심의 식단에서 비롯된 것입니다. 그러나 최근에는 동양인들의 키와 골격이 거의 서양인들과 비슷해 졌습니다. 그 이유는 동양인들이 전통적으로 먹어 오던 음식을 적게 먹고 서구인들처럼 고기와 유제품, 가공식품들을 많이 먹고 있기 때문입니다.

문제는 서구인들의 식단이 체형만을 크게 하는 것이 아니라 건강을 심각하게 해치고 있다는 것입니다. 미국인의 대다수가 그들이 즐겨 먹는 음식으로 인한 질병으로 고통 받고 있습니다. 미국 의사들 역시 미국 사망원인의 절대 다수를 차지하고 있는 암과 심장병, 당뇨병 등이 음식에서 비롯된 것임을 인정하고 있습니다.

한국의 부모들은 자녀들이 서구인들처럼 다리가 길고, 키가 큰 외모를 갖게 되기를 바라고 있습니다. 그러나 자녀가 서구인들과 같이 암이나 심장병, 당뇨병 등으로 고통 받기를 원치 않는다면 자녀들이 먹는 음식을 선택함에 있어 신중을 기해야 할 것입니다.

나쁜 음식이 아이의 몸을 병들게 한다

현재 아이들이 즐겨 먹는 음식들 가운데 아이의 몸을 해치고 있는 음식들이 있습니다. 아이가 감기에 자주 걸리거나 중이염, 아토피성 피부염, 천식, 비만 등의 증상을 앓고 있다면 아이가 먹고 있는 음식을 의심해 볼 필요가 있습니다.

　아이들은 다양한 음식을 먹기 때문에 어떤 음식들이 아이에게 해로운지 발견해 내기란 쉽지 않은 일입니다. 그러나 아이가 위에 열거한 증상들을 비롯해 잔병치레를 자주하고 있다면 아이의 식단에 문제가 있는 지 점검해서 증상의 원인이 되는 음식들을 반드시 찾아내야 합니다.

　왜냐하면 현재 아이를 괴롭히는 음식을 성인이 될 때까지 지속적으로 먹게 된다면 성인이 되었을 때 큰 질병을 얻게 될 가능성이 상당히 높기 때문입니다. 아이가 아플 때마다 그저 병원을 오가며 약을 먹이는 일을 반복하는 것은 아이의 건강을 위해 매우 좋지 않은 일입니다.

　어린이집에서 아이를 돌보다 보면 엄마들은 병원에서 처방받은 약을 어린이집에 보내옵니다. 그런데 어떤 아이들은 일 년 내내 약을 달고 살기도 합니다. 물론 아이가 약을 꼭 먹어야 하는 상황이 있다는 것은 인정합니다. 그러나 아이가 약해서 자주 잔병에 걸리고 더 악화될까 무서워서 약을 먹이고 약에 의존하는 아이는 또 다시 병에 걸리는 악순환이 반복된다면 이 악순환의 고리를 끊어야 할 필요가 있습니다.

　어떤 아이는 감기에 잘 걸리지 않을 뿐 아니라 걸려도 며칠 열이 오르락내리락 하고 콧물이 좀 흐르다가 정상적인 컨디션을 회복합니다. 물론 약은 먹지 않습니다. 또 어떤 아이는 감기를 달고 살며 열이 오르기 전부터 해열제를 미리 먹어 두고 감기와 함께 중이염이 와서 항생제를 자주 먹습니다.

부모들은 아이가 자주 아프면 선천적으로 약한 체질을 타고났다고 생각합니다. 물론 물려받은 유전자와 타고난 건강도 영향을 미치겠지만, 저는 경험적으로 아이가 자주 아픈 이유는 바로 아이가 먹는 음식에 있다는 것을 알게 되었습니다.

대체적으로 과자와 가공식품을 먹지 않고 과일과 채소류의 음식을 잘 먹는 아이들은 확실히 감기에 잘 걸리지 않고, 걸려도 금방 회복하는 경우가 많았습니다. 감기와 중이염을 자주 앓고, 아토피 증상이 있는 대다수 아이들은 과일과 채소를 싫어하거나, 과자와 빵, 시리얼 등의 가공식품을 자주 먹고 있었습니다.

부모들은 이미 과자나 가공식품이 몸에 좋지 않다는 것을 알고 있습니다. 하지만 부모들 자신도 즐겨 먹고, 아이들에게도 그런 음식들을 먹입니다. 자신이 경험하지 않은 지식은 삶에 별 영향을 주지 못하기 때문입니다.

내 아이를 해치는 달콤한 유혹-과자

과자와 가공식품의 실상을 적나라하게 폭로하는 「과자, 내 아이를 해치는 달콤한 유혹」이란 책을 써서 사람들을 놀라게 했던 안

병수씨는 국내 유명과자회사에서 16년간 과자 만드는 일을 했던 과자 전문가였습니다.

그는 어느 날 과자회사의 창업자, 경영자, 동료, 선, 후배들이 온갖 질병을 앓거나 일찍 세상을 떠나고 있다는 현실을 마주하게 됩니다. 그리고 문득 십년 이상 과자를 먹어온 자신의 건강 역시 하루가 다르게 나빠지고 있는 것을 자각하게 되었습니다.

안병수씨는 결국 과자회사를 그만 두고 식품과 건강에 대한 자료를 공부하며, 사람들에게 과자와 가공식품의 실상을 전하는 일에 앞장서게 됩니다. 그는 과자와 가공식품에 결코 빠질 수 없는 세 가지 건강의 적을 설탕, 지방, 그리고 식품 첨가물로 꼽았습니다.

부모들이 아이들에게 과자와 가공식품을 먹이는 것은 그것이 우리 몸에 미치는 영향을 구체적으로 알지 못하기 때문이고, 그 나쁜 영향이 눈앞에 드러나기까지 비교적 오랜 시간이 걸리기 때문입니다.

사람들은 과자와 가공식품들이 몸에 좋지 않다는 것을 알고 있다고 생각합니다. 하지만 과자에 들어가는 세 가지 물질이 우리 몸에 어떤 영향을 미치는 지 설명해 보라 하면 잘 설명하지 못합니다. 무엇이, 왜, 나쁜지 모르는 것입니다. 그래서 자기도 먹고 아이들에게도 먹이는 것입니다.

만약 과자를 먹은 다음 날 아이의 건강에 눈에 띄는 이상이 생긴다면 과자를 먹일 부모는 아무도 없을 것입니다. 과자와 가공식품을 즐겨 먹어도 당장에 병원신세를 질 만한 문제는 발생하지 않습니다. 돌이키기 어려운 심각한 질병이 발병하기까지 오랜 세월이 걸릴 수도 있습니다. 그러나 그때 가서는 내 아이가 당신들이 만든 과자 때문에 병에 걸렸다고 과자회사에게 책임을 물을 수가 없습니다.

바로 이러한 점 때문에 과자와 가공식품회사는 굳이 건강에 좋은 음식을 만들 필요를 느끼지 못하는 것입니다.

"그렇게 나쁜 과자라면 좀 좋게 만들면 되지 않겠어요? 몸에 좋은 음식을 만들면 더 많은 사람들에게 선택받을 수 있고 회사도 성장할 수 있을텐데요?" 라고 질문할 수도 있습니다.

하지만 과자의 태생 자체가 몸을 이롭게 하기 위해 만들어진 음식이 아니라 사람들의 혀를 즐겁게 해서 돈을 벌기 위해 만들어진 음식이라는 데 근본적인 문제가 있습니다.

사람들이 과자를 찾는 이유는 과자의 달콤하고 부드러운 맛, 고소한 맛, 감칠 맛, 짭짤하고 자극적인 맛 때문입니다. 회사는 한 번 맛을 보게 되면 다시 먹고 싶어질 만한 중독성 있는 맛을 만들어 내야 합니다. 그러한 맛을 내는 과자를 만들기 위해서 기업들은 위의 세 가지 물질을 포기할 수 없는 것입니다.

회사들은 맛을 낼 수만 있다면 사람이 먹을 수 없는 화학물질도 넣어서 음식을 만들고 있습니다. 그들은 법이 정한 기준에 따라 인체에 영향을 미치지 않을 만큼의 소량을 넣는다고 말합니다. 그러나 식약청의 기준이라는 것도 그러한 첨가물이 지금 당장 영향을 미치지 않는다는 것이지 오랜 세월 과자나 가공식품을 즐겨 먹은 사람의 몸에 어떤 영향이 있는지에 대해서는 전혀 검증되지 않은 기준입니다.

현실적으로 몸에 좋은 천연재료들만을 가지고 가공식품의 자극적이거나 중독성이 강한 맛을 만들어 내는 것은 어려운 일입니다. 그게 가능한 일이라 하더라도 회사에서 만들어낸 음식의 값은 몇 배나 더 비싸질 수밖에 없습니다. 그렇게 되면 소비자들은 지금처럼 과자를 많이 소비하지 않을 것이고, 회사는 현재의 매출수준을 유지할 수 없을 것입니다.

과자나 가공식품회사들은 그러한 위험을 감수하려 하기 보다는 많이 팔릴만한 적당한 가격의 음식을 만들어 내고 있습니다. 그 이유는 바로 그들이 추구하는 이윤 때문입니다. 회사는 도덕적 양심과 회사의 이윤 중 하나를 선택하라고 한다면 어떤 것을 선택 할까요?

과자회사와 가공식품회사가 바뀌기를 바란다면 그들의 양심에 호소해서는 안 됩니다. 그들이 이익에 의해 움직이는 존재임을 이해한다면 그들을 변화시킬 수 있는 유일한 길은 소비자들이 현명해지는 것입니다. 그들이 이윤을 극대화하기 위해 만들어낸 음식에 대해 소비자들이 '노'라고 말할 수 있는 실질적인 영향력을 행사하는 것입니다.

소비자와 부모들은 손에 잡히는 대로 자녀들에게 과자를 사줄 것이 아니라 과자에 어떤 성분이 들어가고 있는지 감시하고, 그런 물질들이 아이들의 건강에 어떤 영향을 미칠 수 있는지 알고 있어야 합니다. 그리고 아이 몸에 나쁜 음식이라면 구입해서는 안 될 것입니다. 그렇게 된다면 회사들은 소비자들의 선택을 받기 위해서라도 변하지 않을 수 없을 것입니다.

최근 회사들은 그 유해성이 알려진 트랜스 지방(불포화지방) 대신에 다른 천연지방을 사용하고 있습니다. 이러한 변화는 소비자들에게 트랜스 지방이 나쁘다는 지식이 생겼기 때문입니다. 만약 소비자들이 트랜스지방의 실체를 모른 채 무비판적인 소비를 계속했다면 회사들은 아마 지금도 트랜스지방을 사용하고 있을 것입니다.

물론 아직도 가야할 길이 멀다고 생각합니다. 여전히 과자와 가공식품에는 우리 몸에 해로운 물질들이 들어가고 있으니까요.

자연의 질서를 거스른 음식-설탕

지구상에 존재하는 모든 생명체는 자기 나름대로 에너지원을 얻는 방법이 있습니다. 인간을 비롯한 동물들은 다른 생명체를 먹음으로써 필요한 에너지를 얻어 살아갑니다. 모든 동물들은 자연 상태 그대로 음식을 먹는 반면 인간은 자연 상태의 음식을 그대로 먹지 않고, 더 좋은 맛을 내기 위해 조리를 해서 먹습니다. 그것은 인간이 불을 사용할 수 있기 때문에 가능한 일입니다.

인간은 수천 년간 여러 가지 조리방법을 통해 더 맛있는 음식을 만들어 냈습니다. 여러 가지 맛 중에서 인간을 가장 현혹시킨 맛은 바로 단맛이었습니다. 그래서 사람들은 사탕수수나 사탕무를 졸여서 설탕을 만들어 내는 방법을 찾아냈습니다. 처음에는 많은 양의 설탕을 만들어 내는 것이 쉽지 않았기 때문에 소수의 상류계층만이 설탕을 맛 볼 수 있었습니다.

하지만 산업혁명 이후 화학공업의 발달로 대량으로 설탕을 제조할 수 있게 되었고, 현재 세계는 연간 1억 6천만 톤 이상(2011년 기준)의 어마어마한 양의 설탕을 생산, 소비하고 있습니다. 설탕은 식물로부터 얻어진 탄수화물의 한 종류인 당 결정입니다.

당은 자연으로부터 얻은 물질이지만 자연 상태에서는 설탕과 같은 형태로 존재하지는 않습니다. 즉, 인간의 필요에 의해서 만들어진 가공 음식인 것입니다. 설탕은 부패하지 않기 때문에 보관하기도 쉽고, 결정의 형태로 만들어졌기 때문에 운반하기도 편리합니다.

전 세계의 사람들은 설탕 덕분에 비교적 싼 값에 단 맛을 즐길 수 있게 되었습니다. 그러나 건강 면에서 볼 때 이러한 축복은 곧 재앙이 되고 말았습니다. 사람들의 입맛을 사로잡아야 하는 과자나 가공식품 업계에서 설탕함량이 높은 음식들을 만들어 내기 시작했고, 사람들은 갈수록 과자와 가공식품들을 많이 먹고 있기 때문입니다.

현대인들은 지나치게 많은 양의 설탕을 소비하고 있는데 설탕 소비량과 비례하여 여러 질병의 발병률도 높아지고 있습니다. 설탕의 과다한 섭취는 당뇨병을 비롯하여 치매, 정신질환, 비만, 저혈당증, 심장병, 뇌졸중과 같은 질병을 불러 올 수 있습니다. 최근에는 설탕소비와 청소년들의 범죄율 증가가 밀접한 관련이 있음을 보여주는 연구들이 보고되고 있습니다.

설탕의 악영향

이와 같이 위험한 식품 아닌 식품이 어떻게 아무런 경고나 제제도 없이 사용될 수 있는가 하는 의문이 생기게 됩니다. 그 이유는 설탕이 우리 몸을 오랜 시간에 걸쳐 서서히 파괴하기 때문에 자기 몸이 어떻게 나빠지고 있는지 잘 의식할 수 없기 때문입니다. 몸으로 느끼기는 어렵지만 의사들은 결국 설탕이 우리의 건강을 어떤 식으로 해치고 있는지 밝혀냈습니다.

우리의 몸은 음식을 섭취하고 소화시켜 필요한 영양분을 얻습니다. 우리가 사용하는 영양분 가운데 탄수화물은 소화과정에서 포도당의 형태로 분해되고, 혈액을 통해 온몸에 공급됩니다. 그래서 우리가 음식을 먹고 소화시키면 혈관의 당수치가 높아집니다. 혈관의 당수치가 높아지면 두뇌는 췌장이라는 기관에 신호를 보내 인슐린이라는 호르몬을 분비시킵니다. 이 인슐린이라는 호르몬은 혈액 속의 당을 각 세포로 전달하는 역할을 합니다. 이것이 바로 탄수화물의 대사과정입니다.

탄수화물의 일종인 설탕이 문제가 되는 것은 가공을 통해서 너무 단순한 형태의 당이 되어 버렸기 때문에 우리 몸에 너무 빨리 흡수되어 혈당을 급격하게 끌어 올린다는 것입니다. 혈당이 급격하게 상승하면 뇌는 자극을 받고 인슐린을 많이 분비하도록 신호를 보냅니다. 그러다보면 다시 혈당이 급격하게 떨어지게 되고, 몸은 다시 당을 필요로 하게 되는 악순환을 반복하게 됩니다.

설탕을 많이 섭취하는 사람이 이렇게 비정상적인 대사를 반복하는 가운데 인슐린을 만들어 내는 췌장은 혹사당하고 마침내 그 기능이 망가지게 됩니다. 이와 같이 우리 몸이 더 이상 인슐린을 분비할 수 없게 되는 것을 당뇨병이라 부릅니다.

설탕은 또한 우리의 정신건강에도 심각한 악영향을 미칠 수 있습니다. 의사들은 설탕이 우울증, 불안증세, 정신분열증, 치매등과 관련이 있다고 지적합니다. 우리 몸의 컨트롤 타워 역할을 하는 두뇌는 다른 세포들과는 다른 특성을 갖습니다. 두뇌세포는 다른 세포들과는 달리 포도당만을 에너지원으로 사용하며 그 대사과정에서 인슐린이라는 물질을 필요로 하지 않습니다. 그런데 위에서 살펴본 대로 비정상적인 대사과정으로 인해 우리 몸의 인슐린 수치가 높아져 버리게 되면 과다한 인슐린이 두뇌로 가야할 포도당을 남겨 두지 않고 모두 다른 신체세포로 가져가 버리거나 지방의 형태로 저장하게 됩니다. 그렇게 되면 뇌세포는 충분한 영양을 공급받을 수 없게 되고, 정신건강에 이상이 오게 되는 것입니다.

　날이 갈수록 고지혈증 판정을 받는 사람들이 늘고 있습니다. 고지혈증은 각종 심혈관질환과 뇌졸중(중풍)의 원인이 되기 때문에 고지혈증이 있는 사람이라면 건강에 각별히 유의해야 합니다. 그런데 고지혈증이 있는 사람들 중에는 자신이 그다지 고기나 지방을 많이 먹는 것도 아닌데 왜 고지혈증이 생겼냐고 의아해 하는 사람들이 있습니다. 그러나 직접적으로 고기와 지방이 많은 음식을 먹지 않더라도 당 성분을 과다하게 섭취하게 되면 우리 몸이 그것을 다 사용할 수 없어서 지방의 형태로 저장하게 됩니다. 따라서 설탕은 고지혈증을 유발하는데 아주 큰 기여를 하는 물질이라 할 수 있습니다.

　우리의 몸은 사람이 만들어 낸 어떤 복잡한 기계보다 더 정교하고 어지간해서는 잘 고장 나지 않는 성질을 가지고 있습니다. 우리 몸의 기능 가운데 먹고 소화시켜 에너지를 발생시키는 에너지 대사기능 역시 매우 정교합니다. 음식물을 먹다가 배가 부르면 식욕이 떨어져 더 이상의 음식을 받지 않도록 통제를 합니다. 필요한 만큼만 받아들이는 것은 매우 중요한 기능입니다. 그러나 설탕이라는 음식은 이러한 기능을 무너트리는 역할을 합니다.

　다른 음식과 달리 설탕은 한 번에 다 사용하지 못할 만큼의 에너지를 공급하게 하고 남은 것을 지방으로 축적해 놓으면서 또 다시 설탕을 찾는 악순환을 하게 만듭니다.

　아이들은 한 번 설탕이 든 음식을 맛보게 되면 절대 그 맛을 잊지 않고 다시 찾게 됩니다. 오늘날 설탕이 든 음식을 전혀 먹지 않고 산다는 것은 거의 불가능합니다. 그렇기 때문에 부모는 아이에게 설탕이 든 음식을 먹일 때 더욱 엄격하게 통제할 필요가 있습니다. 아이들이 좋아한다고 해서 매일 과자나 빵, 아이스크림을 주는 것은 매우 위험한 일입니다. 아이들에게 사탕이나 과자 한 봉지를 다 맡겨서는 안 되며, 아이스크림이나 케이크 같은 음식은 특별한 날에만 맛볼 수 있는 음식으로 가르쳐야 합니다.

우유는 완전식품?

포유동물은 새끼를 낳고 젖을 먹여 키웁니다. 그리고 새끼는 어느 정도 자라게 되면 젖을 떼고 필요한 음식을 먹게 됩니다. 어떤 포유동물이든 어미의 젖을 통해 가장 이상적인 영양을 공급받습니다. 강아지는 엄마 개의 젖을 먹고 자라며, 송아지는 엄마 소의 젖을 먹고 자랍니다. 다른 동물의 젖을 먹고 자라는 동물은 없습니다. 유독 사람만이 소의 젖을 먹고 자라며, 젖이 필요 없는 아이나 어른이 되어서도 우유를 계속 먹습니다.

아마도 우유를 처음 마시기 시작한 사람들은 유목민일 것입니다. 유목민들은 척박한 땅에서 살았습니다. 그들은 농사를 지을만한 비옥한 토양이 없었기 때문에 양이나 소를 키우며 고기와 젖을 얻고 거기에서 필요한 영양분을 얻어야 했습니다.

반면 온난한 기후와 땅이 비옥한 지역에 살았던 동양인들은 우유를 마시지 않았습니다. 우유를 먹지 않아도 땅으로부터 필요한 영양소를 충분히 얻을 수 있었기 때문입니다.

이런 면에서 우유는 질 좋은 영양분을 얻을 수 없는 지역에 사는 사람들의 음식이었던 것입니다. 사실 유목민의 평균수명은 매우 짧습니다. 그 원인은 그들이 고기와 우유를 비롯한 치즈와 버터 등의 유제품을 많이 먹는 반면 미네랄과 비타민이 풍성한 채식을 충분히 섭취하지 못하기 때문인 것으로 알려졌습니다.

그러나 지금은 우유가 전 세계적인 음식으로 자리매김하게 되었습니다. 뿐만 아니라 영양이 풍부한 완전식품의 대명사로 알려지게 되었습니다. 과학의 발달로 우유의 영양성분을 분석할 수 있게 되면서 우유가 단백질과 칼슘 등 우리 몸에 필요한 영양소들을 많이 함유하고 있다는 사실이 밝혀졌기 때문입니다.

그런데 아이러니하게도 우유를 많이 섭취하는 나라일수록 각종 질병의 발병률이 높고, 심지어 골다공증과 골절환자의 비율까지 높은 것으로 나타났습니다.

과학자들과 의사들은 우유에 대한 연구에 착수했고 결국 그 원인을 찾아냈습니다. 우유는 포화지방이 상당히 많이 함유된 음식입니다. 현대인들의 식단의 주류를 차지하고 있는 음식은 동물성입니다. 우유는 포화지방 함량이 높은 현대인의 식단에 상당한 부분을 차지하고 있습니다. 그런데 문제는 이 포화지방이 우리 몸에 필요한 영양소가 아니라는 데 있습니다. 오히려 많이 섭취할수록 여러 질병들을 발생시키는 원인이 되고 있습니다.

포화지방은 각종 암, 심혈관질환, 고지혈증, 두뇌혈관질환, 중풍, 당뇨병 등 현대인의 거의 대부분의 질병과 관련이 있을 만큼 해로운 성분입니다. 결코 많이 먹어서는 안 되는 음식인 것입니다.

우리가 납득하기 어려운 결과중 하나는 우유가 뼈를 약화시킬 수 있다는 것입니다. 칼슘이 풍부한 음식인 우유가 뼈를 약화시킨다는 연구결과는 우리를 당황하게 합니다. 지금도 많은 부모들이 아이의 건강을 위해 우유를 매일 챙겨 먹이고 있으며, 어떤 의사들은 골다공증을 예방하거나, 호전시키기 위해서 우유를 많이 마시라는 처방을 하고 있기 때문입니다.

하버드대학의 윌렛(Walter C. Willett)교수는 우유와 골다공증의 관계에 대한 신뢰할 만한 결과를 발표한 바 있습니다.

이 연구는 무려 7만 7천여 명을 대상으로 하루에 우유를 두 잔 이상 마시는 그룹과 일주일에 한 잔 이하로 거의 마시지 않는 두 그룹으로 나누어 진행되었다. 그런데 12년 후 뜻밖에도 우유를 많이 마신 그룹에서 골절 발생률이 오히려 더 높은 것으로 나타난 것이다(박정훈 2009:315).

만약 이 연구결과가 사실이라면 하루라도 빨리, 보다 많은 사람들에게 이러한 정보를 알려야 할 것입니다.

우유가 우리 몸의 뼈를 약화시키는 메카니즘은 다음과 같습니다. 우유의 동물성 단백질에는 메티오닌이라는 성분이 많이 함유되어 있는데 이 메티오닌은 혈액을 산성화시킵니다. 우리 몸은 산성화된 혈액을 중화시키기 위해서 뼈에 있는 칼슘을 끌어다 쓰게 됩니다. 그리고 혈액으로 빠져 나온 칼슘은 소변을 통해서 몸 밖으로 배출됩니다.

이런 연구 결과는 미국 내 가장 권위 있는 의사그룹들에 의해서 지지받고 있습니다. 7천5백만 부의 베스트셀러 육아서의 저자인 스포크 박사, 존스 홉킨스 의과대학 학장인 크레시언 박사, 그리고 미국에서 의사들의 스승으로 존경받고 있는 코넬 대학교의 조엘 펄먼 박사 등은 아이들에게 우유를 주지 말라고 조언하고 있습니다.

그런데도 막대한 영향력을 가진 유제품관련 기업들과 이들을 스폰서로 업고 있는 정부 관료들은 이런 의사들이 제기한 문제에 대해 소송을 진행하지 않고 있습니다. 그들은 이러한 사실이 사회적 이슈로 부각되는 것을 원치 않으며, 최고의 권위와 양심을 가진 의사들이 내놓은 연구결과를 반박할 만한 근거를 찾을 수 없기 때문입니다.

하나님이 주신 음식

우리가 어떤 음식을 먹어야 건강하게 살 수 있을까요? 이 질문에 대한 해답은 아마 우리의 몸을 직접 디자인하신 하나님께서 가장 잘 알고 계실 것입니다. 하나님은 우리가 음식 섭취를 함으로 생명을 유지하도록 만드셨습니다.

성경에는 하나님께서 우리에게 주신 음식에 대해 언급하고 있습니다. 하나님께서 우리에게 먹을 음식을 지정해 주셨다는 것은 매우 의미 있는 일입니다. 그것은 우리를 향한 하나님의 세심한 배려입니다. 마치 부모가 자녀에게 아무 것이나 함부로 먹이지 않듯, 하나님께서도 우리가 먹어야할 음식을 정해 주신 것입니다.

우리가 먹어야 할 음식을 우리 임의에 맡겨 두지 않으시고 하나님께서 정하신 것은 그분이 우리의 몸을 가장 잘 알고 계시기 때문입니다. 따라서 우리의 몸은 하나님께서 정해 주신 음식을 먹고 살 때, 가장 좋은 상태를 유지할 수 있습니다. 하나님께서는 첫 사람인 아담과 하와에게 먹어야할 음식이 무엇인지 가르쳐 주고 계십니다.

하나님이 가라사대 내가 온 지면의 씨 맺는 모든 채소와 씨 가진 열매 맺는 모든 나무를 너희에게 주노니 너희 식물이 되리라(창1:29).

하나님께서 창조하신 첫 사람이 먹었던 음식은 바로 식물이었습니다. 이는 우리의 몸이 식물을 통해서 완전한 영양을 얻을 수 있다는 사실을 말해 줍니다.

식물을 크게 분류하면 곡류와 잎채소류, 뿌리채소류, 과일, 각종 씨앗을 비롯한 견과류 등으로 나눌 수 있습니다. 이런 식물성 음식에는 우리 몸에 필요한 거의 모든 영양소가 다 담겨 있습니다. 섬유질과 각종 미네랄, 비타민, 아직까지 그 효능이 다 밝혀지지 않은 수천 종의 파이토케미컬(식물성 미량 영양소)과 체내에서 합성되지 않는 필수지방산등이 그것입니다.

현대인들의 각종 건강문제는 식물성 음식을 너무 적게 먹음으로 인해서 우리 몸에 꼭 필요한 영양소를 얻지 못하는 영양불균형 상태에서 비롯된 것이라 할 수 있습니다.

그런데 성경은 사람이 언제부터 육식을 하게 되었는지도 기록하고 있습니다. 아담의 타락 후 하나님은 사람을 홍수로 심판하셨습니다. 심판이 끝나고 하나님은 살아남은 노아와 그의 가족들에게 그들이 먹을 음식에 대해 다시 말씀하십니다.

> 땅의 모든 짐승과 공중의 모든 새와 땅에 기는 모든 것과 바다의 모든 고기가 너희를 두려워하며 너희를 무서워 하리니 이들은 너희 손에 붙이웠음이라 무릇 산 동물은 너희의 식물이 될찌라 채소같이 내가 이것을 다 너희에게 주노라(창9:2-3).

하나님께서는 홍수 이후에 채소뿐만 아니라 고기도 먹을 수 있다고 말씀하셨습니다.

성경은 하나님께서 왜 이렇게 처음과는 달리 고기를 먹도록 허락하셨는지 그 이유에 대해서는 언급하고 있지 않습니다. 다만 짐작해 볼 수 있는 것은 홍수 이후 당장 땅에서 나는 식물이 없었다는 것입니다. 씨를 뿌려 식물을 얻기까지 먹을 양식이 필요했을 것입니다. 그리고 무엇보다 더 이상 식물을 통해서만 필요한 영양을 공급받기 어려워졌을 것입니다.

자연은 이전처럼 사람에게 안전하고 따뜻한 처소가 될 수만은 없었고, 하나님은 험난한 자연에서 살아남을 수 있도록 고기를 양식으로 주시지 않았을까 생각해 봅니다.

우리가 성경을 통해 알 수 있듯, 식물과 고기 모두 하나님께서 우리에게 허락해 주신 음식입니다. 그러나 고기를 먹게 되었다고 하더라도 그것은 보조적인 기능을 담당하기 위한 것이지 원래 우리의 몸에 고기가 잘 맞기 때문은 아닙니다.

실제로 육식문화가 사람의 건강에 매우 좋지 않다는 사실이 과학적으로 입증되고 있습니다. 식물과 고기 모두 하나님께서 허락하신 음식입니다. 하지만 지혜로운 성도라면 하나님께서 처음에 주셨던 음식을 더 선호해야 하지 않을까요?

나의 자녀를 기르시는
우리 아빠 우리 하나님

2013년 11월 3일 1판 1쇄 발행

지 은 이	채정한
펴 낸 이	임정훈
펴 낸 곳	다윗의열쇠
주　　소	인천 부평구 부개로 12
등　　록	제 2011-20호(2011.9. 20)

* 독자의 의견을 기다립니다.

이 메 일	keyofdavid@hanmail.net
전　　화	070)8637-2369, 010)8458-3927
팩　　스	02)6918-4153
홈 페 이 지	http://cafe.daum.net/keyofdavid

책값 / 뒤표지에 있습니다.
ISBN / 978-89-967321-9-8 03230

거룩하고 진실하사 다윗의 열쇠를 가지신 이 곧 열면 닫을 자가 없고
닫으면 열 사람이 없는 그(예수님)가 이르시되(계 3:7)

다윗의열쇠는 세상의 모든 것을 열고, 닫으시는 예수님의 권세와 능력의 상징입니다.
도서출판 다윗의열쇠는 왕이요 구원자 되신 예수님을 온 민족과 열방에 증거하기 위해 2011
년 9월에 설립되었습니다.

이런 목적을 위해 첫째, 국내외 선교사님들의 사역을 직간접적으로 섬기고, 둘째, 치유와 회복
을 통해 목회자분들과 성도님들의 영적 성장을 도우며, 셋째, 기름 부으심 있는 글을 통해 하
나님의 사명자를 세우는 사역에 헌신하고 있습니다.

「이 도서의 국립중앙도서관 출판시도서목록(CIP)은 서지정보유통지원시스템 홈페이지(http://seoji.nl.go.kr)와
국가자료공동목록시스템(http://www.nl.go.kr/kolisnet)에서 이용하실 수 있습니다.(CIP제어번호: CIP2013022305)」